云南富宁县山瑶
扶贫发展追踪调查研究

罗家祥 杨勇 著

中国社会科学出版社

图书在版编目(CIP)数据

云南富宁县山瑶扶贫发展追踪调查研究 / 罗家祥，杨勇著 . —北京：
中国社会科学出版社，2016.4

ISBN 978-7-5161-8381-6

Ⅰ.①云… Ⅱ.①罗…②杨… Ⅲ.①扶贫–经济发展–调查研究–
富宁县 Ⅳ.①F127.744

中国版本图书馆 CIP 数据核字(2016)第 133342 号

出 版 人	赵剑英
责任编辑	宫京蕾
责任校对	闫 萃
责任印制	何 艳

出 版	中国社会科学出版社
社 址	北京鼓楼西大街甲 158 号
邮 编	100720
网 址	http：//www.csspw.cn
发 行 部	010-84083685
门 市 部	010-84029450
经 销	新华书店及其他书店

印刷装订	北京市兴怀印刷厂
版 次	2016 年 4 月第 1 版
印 次	2016 年 4 月第 1 次印刷

开 本	710×1000 1/16
印 张	10.5
插 页	2
字 数	171 千字
定 价	42.00 元

目　　录

导　　言

　　随着现代化的发展加速了城乡一体化的进程，在现代社会中，农村不再是乡野之地，农村的发展程度和对"三农"问题的解决程度又反过来决定着现代化的进程、决定着小康社会的全面建成和中华民族的伟大复兴。早在1998年10月《中共中央关于农业和农村工作若干重大问题的决定》中就指出："农业、农村和农民问题，是关系改革开放和现代化建设全局的重大问题。没有农村的稳定，就没有全国的稳定，没有农民的小康，就没有全国人民的小康；没有农业现代化，就没有整个国民经济的现代化。稳住农村这个大头，就有了把握全局的主动权。"①所以，农村在全国的发展中起着举足轻重的作用。

　　"三农"问题专家指出，进入到21世纪，随着改革开放的不断推进，农村的生产力不断解放和发展，农民生活有了很大改善，但还是穷苦。第一，改革开放以来农民的生活有了很大的改善，收入有了很大的提高，绝大多数人解决了温饱问题，这是历史上从未有过的。第二，农民穷苦是相对城市居民比较而言的，是相对我们的经济成就而言的。②如若单纯地从贫困线的标准来看，经过扶贫，从整体上看，农民的生活有了前所未有的改善，但是从相对的角度看，城乡的差距仍然巨大，甚至出现了不断扩大的趋势。

　　中国是多民族国家，很多少数民族都生活在边远的落后地区，而且不同的地方有着不尽相同的实际问题，呈现了造成贫困千差万别的原因。少数民族聚居的地区往往表现的特点是自然环境比较恶劣、交通不便、资源贫乏、基础设施不尽完善、产业基础差、收入渠道单一等，这些因素无不制约着地区的发展。

---

① 《求是》，1998年第21期。
② 陆学艺：《中国"三农"问题的由来和发展》，《当代中国史研究》2004年第3期。

新中国成立以来，在党和政府的关注之下，党的民族政策得到了落实，少数民族的扶贫工作得到持续地推进，对少数民族的扶贫攻坚项目实施后，少数民族贫困人口的数量大量减少。对少数民族的扶贫发展是党的民族政策优越性的体现，并且进一步体现了民族的平等，促进了各民族的共同发展，增强了民族的凝聚力。所以，对少数民族地区贫困群众的扶贫，必须通过结合当地的实际情况，全面系统地看待扶贫工作，明确思路、整合力量、找准目标，把当前的发展和今后的可持续发展结合起来，把促进当地群众的经济收入和自我发展能力结合起来，把对少数民族的扶贫工作与国家的发展战略结合起来，把对贫困人口的文化素质培养与实现人的全面发展结合起来。

地处中国西南边疆的云南省有26个少数民族，在这26个少数民族中，如瑶族、布朗族（莽人、克木人）、苗族、哈尼族、壮族、傣族等均是生活在边疆地区，云南省的贫困人口主要集中在少数民族地区和边疆地区。1994年颁布的《国家八七扶贫攻坚计划》中的国定贫困县有592个，贫困人口约8000万。云南省有贫困县73个，数量最多，其中边境县16个（龙陵、泸水、绿春、福贡、镇康、马关、腾冲、富宁、麻栗坡、孟连、贡山、金平、西盟、江城、澜沧、沧源）。从整体上看，云南省的贫困问题体现在"四位一体、三江一线"。所谓的"四位一体"，是指边疆、民族、山区、贫困为一体；"三江一线"，是指怒江、金沙江、澜沧江和沿边境一线。

造成云南省贫困的原因诸多，既有环境的原因，又有社会发育低的原因，给云南省的扶贫开发工作带来了巨大的困难和挑战。云南省在"扶持云南布朗族（莽人、克木人）、瑶族支系山瑶工作汇报会"上就云南省的贫困问题和现象给予了全面的阐述。

第一，所处环境造成的贫困。云南省面积有40万平方千米，但是94%是山区，这几年来，云南省在山区的脱贫致富、解决交通、解决产业等问题上做了大量的工作，但是还是有一些地方由于深受环境条件的制约，至今尚未脱贫。

第二，社会发育程度比较低。云南省有不少边远的少数民族贫困地区，在新中国成立前这些地区还处于奴隶社会，甚至是原始部落社会，新中国成立以后各种社会形态一步跨进社会主义社会，扶贫水平低下，社会发育程度低，社会经济、文化处于落后的状况，这样一些地区的脱贫本身就是一个长期的过程，所以只有下定决心，才能够加快脱贫，加快致富。

第三，间接的投入很复杂。虽然国家给予很多的扶持，但是由于贫困面大，所以要解决这么大的贫困面，这么多人群的一些困难，制约困难群众脱贫致富的一些基本的问题还没有得到解决，这就需要更多的投入。

第四，云南省保护生态环境的任务繁重，从客观上放弃了一些加快发展的机会。为了保护长江上游、珠江上游等一些生态环境，云南省做出了一些牺牲，所以造成云南边远民族地区的深度贫困，造成城乡之间、区域之间和民族之间发展差距的扩大，产生了一系列新的矛盾和问题，从长远来看这将影响全面建设小康社会目标的实现。

面对少数民族的贫困现状，云南省紧紧围绕各民族"共同团结奋斗、共同繁荣发展"的民族工作主题，正在加速兑现"现代化进程中绝不让一个兄弟民族掉队，绝不让一个民族地区落伍"的"云南承诺"。云南省是一个多民族的边疆省份，少数民族人口达1534万，占全省总人口的33.4%，民族地方自治面积占全省总面积的70.2%，是中国世代居住少数民族最多、跨境民族最多、特有民族最多、人口较少民族最多、实行民族区域自治的民族最多的省份。云南省始终紧紧围绕民族工作主题，创造了具有中国特色、云南特点民族工作的"云南经验"，展现了民族团结、边疆稳定、社会和谐、跨越发展的"云南现象"，做出了"绝不让一个兄弟民族掉队，绝不让一个民族地区落伍"的"云南承诺"，提出了"不懂民族工作的领导干部不称职，做不好民族工作的领导干部是失职"的"云南标准"，从10个方面开辟了新时期民族工作的"云南道路"。所以，云南省被誉为中国特色社会主义民族工作道路、理论、制度成功实践的生动典范。

富宁县属于文山州，地处云南省的东南部，是集边境地区、革命老区、少数民族区和战区为一体的国家扶贫开发工作重点县。特别是1979年至1989年中越关系非正常化期间，全县人民全力支前参战，这一时期正是内地狠抓经济建设的关键时期，而战争使富宁县错过了发展的黄金机遇，直到1994年才被国家批准为开放县，正式开始战后恢复建设和发展经济。但是，由于战争影响的程度深和遗留的问题多，生态环境和基础设施破坏严重，全县农业生产条件差，工业基础薄弱，地方财政收入低等一系列问题，造成群众增收困难、生活贫困、发展能力弱，导致富宁县与内地各县的发展差距越拉越大。从富宁县经济社会发展全局看，农村仍然是非常薄弱的环节，农业仍然是弱质的产业，农民仍然是弱势的群体。作为一个传统的农业县，尽管农业生产上有一些比较优势，但是"三农"问题仍然突出，集中表现在"5个不高"，即城乡收入差距较大，农民生活水平仍然不高；农业综合生产能力不强，农村生产力水平仍然不高；农业农村经济结构不够合理，农村经济增长的质量和效益仍然不高；农村社会事业发展滞后，社会文明程度仍然不高；农村工业化和城镇化发展滞后，对"三农"的带动效应仍然不高。因此，实现赶超跨越发展最薄弱的环节仍然是农业滞后，统筹城乡发展最大的障碍仍然是农村落后。

富宁县贫困人口比重大，至2010年年底全县仍然有贫困人口14.25万，占全县农业总人口37.28万的38.22%，占全州贫困人口125万的11.4%。另外，全县还有18.74万人未能够解决安全饮水问题，12.63万头（匹）大牲畜饮水困难，还有5000多户贫困群众居住在危旧房中。

在对越自卫反击战后恢复建设以来，富宁县坚持"政府主导、统筹规划、多元投入、社会参与"的扶贫思路，瞄准贫困村寨，以温饱村、生态村、文明村、小康村"4村"建设为载体，通过整合资金，先易后难，整村推进；紧紧围绕深度贫困群体，大力实施沼气池、小水窖、危房改造、乡村公路建设、适用科技培训"5位一体"基础项目，突出解决农村基本生产、生活、医疗、教育等问题，努力解决贫困人口温饱问题，夯实边疆民族地区经济社会发展基础。从"十一五"以来，已经累计投入扶贫资金76660万元，其中财政扶贫专项资金30663万元，上海对口帮扶资金4116万元，各级机关定点挂钩扶贫及社会各界捐资捐物2531万元，扶贫项目贴息贷款965万元，群众自筹及以劳折资38385万元，累计解决11.39万贫困人口的温饱问题。从整体上看，富宁县的社会发展面貌得到了前所未有的改观，为富宁县实现"追赶式"、"跨越式"发展目标奠定了坚实基础。然而，由于贫困面大，造成贫困的原因复杂，富宁县仍然没有完全脱贫，还面临着严峻的挑战。

在富宁县生活着一个特困的民族族群——山瑶（瑶族的一个支系）。2010 年以前山瑶群众仍然处于整体贫困状态。由于历史原因，加之山瑶群众祖祖辈辈生产生活的自然环境十分恶劣，这一群体全部处于绝对贫困状态，按照联合国划定的贫困标准，人均每天生活消费 1 美元，山瑶群众处于绝对的贫困状态。山瑶群众的贫困状况主要体现在"4 低"、"5 难"上。"4 低"表现为人均耕地面积低、人均收入低、生活水平低、人口素质低；"5 难"表现为饮水难、行路难、住房难、用电难、就医难。2009 年山瑶农民人均纯收入 670 元，仅为全县农民人均纯收入的 28.67%，全省的 19.88%；人均生产粮食 277 千克。山瑶群众整体处于深度贫困状态中，脱贫发展的任务非常艰巨。

新中国成立以来，特别是"十一五"规划以来，中共文山州委、州政府和富宁县委、县政府十分重视山瑶地区的扶贫发展工作，制定出台了一系列扶贫发展政策。在山瑶村寨启动实施了以沼气池、小水窖、茅草房改造为主的扶贫 3 项工程建设大会战，整村推进、易地搬迁、通路、通水、通电等扶贫项目，山瑶群众的生产生活条件有了一定的改善。但是，由于历史、自然、主观等原因，所投入的资金项目没有转化成为山瑶群众独立自主发展的内生力量，山瑶群众的贫困面仍然很大，贫困程度仍然很深，生活仍然十分艰难。

山瑶群众的贫困得到了党和国家的高度重视，2009 年 12 月 2 日，富宁县正式接到时任中共中央总书记胡锦涛同志在新华社《国内动态清样》第 4840 期《山瑶群众的"五难"生活——云南瑶族支系山瑶群众生活状态见闻》一文上关于"请发改委、民委、扶贫办、云南省继续给予扶持和帮助"的重要批示。

2010 年 1 月初，国务院扶贫开发领导小组副组长、国务院扶贫办公室主任范小建带队，率国家发改委、财政部、国家民委、上海市合作交流办组成的调研组，对富宁县山瑶群众生产生活状况进行调研时提出，在富宁山瑶群众的扶贫发展上必须"态度要坚决、措施要稳妥，要尽力而为、量力而行，要立足当前、着眼长远，国家支持、自力更生"。山瑶群众的贫困得到党和国家的高度重视，并且把对山瑶群众的扶贫纳入新一轮的扶贫攻坚中。

　　在党和国家、社会各界的关心以及当地山瑶群众的参与下，一场致力于让山瑶群众彻底摆脱贫困的扶贫攻坚战正式拉开序幕。结合《中国农村扶贫开发纲要（2011—2020年）》、《云南省农村扶贫开发纲要（2001—2010年）》、《云南省扶持人口较少民族发展规划（2005—2010年）》、《富宁县国民经济和社会发展第十一个五年规划纲要》、《富宁县"十一五"扶贫开发规划》，紧紧抓住国家对于云南省桥头堡建设以及新一轮西部大开发、美丽中国建设和2020年全面建成小康社会的战略机遇，对山瑶地区的具体情况进行摸清排查，了解和掌握实际情况，通过对富宁县统计年鉴、县志和归朝、洞波、那能、新华、者桑、花甲6个乡（镇）有关资料收集整理，对山瑶群众的扶贫制定了具体的实施方案。

　　在扶贫的过程中，富宁县制定了《云南富宁瑶族支系山瑶群众聚居区扶贫开发综合治理试点总体规划（2010—2015）》、《富宁县"十二五"农村扶贫开发规划（2011—2015年）》、《富宁县山瑶群众自行建设住房补助办法（试行）》、《富宁县瑶族支系山瑶扶持发展十大措施》、《富宁县瑶族支系山瑶扶持发展政策措施》等。富宁县成立了山瑶扶贫办公室，通过实际调研，查准实际情况，确定扶贫方式，明确了搬家、种树、办教育的扶贫思路，并且紧紧围绕这条扶贫思路，通过统筹规划，发展产业工程、基础设施工程、安居温饱工程、素质提高工程、就业工程、民生工程等"6大工程"，汇聚社会各界力量，整合当地的资源，调动山瑶群众积极地参与到扶贫工作中，改变其贫困落后面貌。

　　在对山瑶群众的扶贫中，得到了云南省的高度重视，云南省及时成立了省委、省政府领导挂帅，省级有关部门为成员的扶持特殊困难群体发展统筹协调领导小组，并且在深入调研的基础上，出台了《中共云南省委云南省人民政府关于加快边远少数民族贫困地区深度贫困群体脱贫进程的决定》和《云南省人民政府扶贫开发工作领导小组关于富宁县瑶族支系山瑶群众脱贫发展的实施意见》。文山州州委、州政府成立了由州委书记为组长、州长为第一副组长、分管副州长为副组长的山瑶扶贫工作领导小组，并且从州、县属职能部门抽调农村工作经验丰富的干部组成山瑶扶贫发展工作队驻村指导扶贫工作。富宁县委、县政府也相应成立了山瑶扶贫发展领导小组和扶贫发展大会战指挥部，由县委书记挂帅，县长主抓扶贫工作。领导小组下设山瑶扶贫发展大会战办公室，由分管副县长任主任，并且从县级相关部门和相关乡（镇）抽调人员集中办公，全身心投入扶贫发展工作中，实行县处级领导、县直部门挂钩帮扶项目村工作制度；落实《富宁县扶持山瑶群众发展工作队队员管理办法（暂行）》，工作队员的主要任务是指导、督促、参与、维稳和调研，并且制定相应的管理体制、考核管理和纪律及要求。

在归朝、洞波、者桑3个山瑶群众聚集的重点乡镇配备了1名主抓扶贫工作的专职副乡（镇）长，建立了州、县、乡、村4级协调联动机制和领导督促、部门包村、乡（镇）负责、责任到人的工作机制。同时，将对山瑶群众的扶贫发展工作列入年度重点督查内容，适时派出督查组开展现场督查，通报项目进展情况，督促整改突出问题，确保中央和省委、省政府领导的批示精神以及国家的各项扶贫政策得到全面落实。

党的十八大报告提出要深入推进新农村建设和扶贫开发，全面改善农村生产生活条件。富宁县山瑶群众综合扶贫发展规划建设期限为2010—2015年，发展目标为解决温饱，扫除贫困死角，从根本上解决山瑶群众的生产生活条件，重点实施产业发展、基础设施、安居温饱、素质提高、生态环境保护与建设、民生保障6项工程，前3年完成规划和基础设施项目建设任务，后3年完成产业发展和巩固提高项目建设任务，到2015年实现农民人均纯收入2000元以上，人均有粮350千克以上，解决山瑶群众1828户8429人的温饱和脱贫致富问题，确保95%以上的农户掌握1—2门实用技术，适龄儿童入学率达到100%，人人享有医疗卫生保健，实现山瑶群众有饭吃、有房住、有水喝、有书读、有卫生室看病、有路走、有增收项目的"7有"目标。力求根本改善山瑶群众的生产生活条件，社会事业发展明显进步，特色增收支柱产业基本形成，生态环境明显改善，有健全的农科服务体系、农村社会保障体系、农村社会事业服务体系，农村基层组织建设进一步加强，建立可持续脱贫致富的长效机制，实现山瑶群众整体脱贫和跨越式可持续发展，为建设"生产发展、生活宽裕、乡风文明、村容整洁、管理民主"的社会主义新农村目标打下坚实的基础。

　　在对山瑶群众的扶贫中，规划坚持了"以人为本"和"着眼长远、着眼根本"的发展战略，坚持可持续发展和长远发展的原则，通过开展基本生产、基本生活、基本社会保障、基本教育、医疗卫生、综合素质培训、基层组织等项目建设，逐步改善贫困地区人民群众的基础条件，增强经济发展后劲，提高群众生活质量、综合素质和文化素质，使贫困地区得到较大转变，促进边疆巩固、社会稳定、民族团结，为全面建设小康社会奠定良好的基础。这些项目的建设和实施具有明显的经济效益、社会效益和生态效益。

　　从 2010 年开始至今，富宁县以"搬家、种树、办教育"为思路，以民生工程、生态文明、安居工程、素质教育等 6 个方面为核心，以对山瑶群众的扶贫发展为中心的扶贫工作，在全县扶贫发展攻坚项目的推进下发展顺利，并且取得了巨大的成就。经过近 5 年的奋战，山瑶的扶贫发展取得了巨大的成就，山瑶群众已经基本摆脱了贫困的恶性循环的状态。

　　经过近 5 年的全面扶贫，山瑶群众发生了翻天覆地的变化，改变了以往靠天吃饭的状态，取得了经济效益、生态效益和社会效益，为山瑶群众今后的发展打下了坚固的基础，实现了生态、人口素质、社会事业的可持续发展，自我发展能力得到培养提高。通过项目的实施，使山瑶村寨面貌一新，出现了"6 大变化"，山瑶村寨的经济发展水平、群众的收入来源、群众的生活质量、村寨的科技教育卫生事业、群众的思想道德素质、群众的民主法制意识等都发生了很大的变化。

　　经过扶贫，在经济效益、社会效益和生态效益等方面取得了巨大的成就。实现贫困群众经济收入的提高，是扶贫工作的首要目的之一，事实上衡量扶贫工作成就的主要和首要的标准就是经济效益。在经济收入提高的基础上，实现了一系列的社会变化。通过扶贫项目的推进，为山瑶群众的经济增收创造了良好的环境，给山瑶群众提供了多样性的收入渠道，形成了稳定的收入局面，建立起了牢固的支柱产业，为扶贫后的山瑶群众提供了良好的经济收入条件，构筑起了各民族共同发展、共同繁荣的和谐团结局面，取得了良好的社会效益。

　　经过 5 年对山瑶群众的全面扶贫，在取得了一定成绩的同时，随着扶贫项目的不断推进，新的问题暴露了出来，具体体现在以下几个方面。

第一，山瑶群众的传统习俗制约着扶贫项目的推进。由于历史上山瑶群众的贫困程度深等客观原因以及其自身长期的落后习俗的存在，这在一定程度上制约着山瑶社会的发展。传统观念的留存，"等靠要"思想的存在，阻碍了扶贫成效，要实现山瑶群众真正的现代化，要走的道路还很长，还必须采取相应的措施，最终实现以人的现代化为核心的山瑶人的思想观念、山瑶人的素质能力、山瑶人的社会关系和行为方式的转变。特别是对于移民的山瑶群众，在今后较长的一段时间中要解决好他们的落地与生根的问题。

第二，在围绕经济发展方面中存在着诸多问题，如产业发展基础薄弱、畜牧业发展滞后、基础设施建设还比较缓慢等，这些困难的存在制约着山瑶群众的经济增长。

第三，参与性程度较低。在对山瑶群众的扶贫中，主要是政府居于主导，导致了部分山瑶群众对扶贫的认同程度较低，如出现了移民的山瑶群众返回原居住地、对迁入地不满意等现象的发生。与此相关产生的问题就是"落地与生根"，出现了"落地"但是没有"生根"，甚至产生了对移民的否定。

伴随着对山瑶群众扶贫开发的推进，山瑶的社会发生了翻天覆地的变化，在扶贫中取得了经济效益、生态效益和社会效益。通过发展多种产业为山瑶群众的经济发展提供了保障，在经济增长的同时，山瑶群众的各种需要得到了满足，为山瑶的持续发展打下了坚实的基础。其实，反观 5 年扶贫工作，只是为山瑶群众的今后发展打下一个基础，实现山瑶群众有饭吃、有房住、有水喝、有书读、有卫生室看病、有路走、有增收项目的"7 有"目标只是最基本的需要，今后对山瑶群众的工作更多的是要对现阶段扶贫成果的巩固和加强，预防返贫现象的发生。这就需要在对整个山瑶扶贫工作跟踪的基础上突出重视个别现象，对个案进行研究，对扶贫工作中取得的经验进行总结，对存在的问题和可能发生的问题制定出相应的应对措施。

第一章

富宁县及其山瑶基本情况

边疆少数民族地区的贫困往往表现出自然环境比较恶劣、资源不足、地方财政困难、交通滞后、基础设施薄弱、人力资源缺乏等特点，这些问题导致了边疆少数民族长期处于贫困之中，这些特点在富宁县体现得尤为充分，富宁县的贫困面较广，贫困人口主要生活在冷凉土山区和石山区，低热河谷地区。造成贫困的原因错综复杂，出现了减贫压力大、收入差距大、发展不平衡、生态严重失调等现象。

第一节　富宁县基本情况

富宁县位于云南省东南部，文山州东部，地处云贵高原边缘。东经105°14′—106°13′，北纬23°11′—24°09′，北回归线横贯全境。东部、东南部和北部与广西壮族自治区的百色、靖西、那坡、西林、田林5县接壤；西部与本省的广南、麻栗坡2县相连；西南部与越南社会主义共和国的同文、苗旺2县毗邻，属"2国3省10县"的接合部，国境线长75千米。国道323线公路由西南向东北贯穿全境，过境线全长122千米，距广西南宁445千米，距云南昆明625千米。

富宁县为深切割的山地地形。西北部高，东南部低。海拔最高为1851.1米，最低为142米，高差为1709.1米。除县城为小坝区外，其余的均为半山区和山区，山脉走向复杂零乱，西部多呈西北走向，东部呈东西走向。主要河流有普厅河、那马河、西洋河、南利河、郎恒河等，分别流入广西和越南锦江；河谷切面大都为"V"字型，就其现状全县可以分为断陷构造湖河盆地、岩溶地貌、中山陡坡浑圆地貌、丘陵地貌、中山峡谷地貌5种地貌类型。

富宁县是一个以壮族为主的多民族聚居县，有壮、汉、瑶、苗、彝

瓦窑阻击战旧址

5 种主体民族共 11 个民族。全县辖 13 个乡（镇）145 个村（居）委会。2009 年年末有耕地面积 388495 亩，其中稻田 133508 亩、旱地 254987 亩，全县人均占有耕地面积 1.03 亩；总人口 384667 人，其中农业人口 363240 人，占总人口的 94.43%。富宁县是广西百色右江革命根据地的重要组成部分，是集"老、少、边、山、穷、战"为一体的国家扶贫开发工作重点县。

"老"，是指富宁县有着光辉的革命历史，早在 20 世纪 30 年代土地革命时期，邓小平、张云逸等老一辈无产阶级革命家领导的红七军就开辟了以"七村九弄"为中心，辐射滇黔桂 3 省 28 县（区）的革命根据地，1997 年富宁县被中央确定为全国一类革命老区县。

"少"，是指富宁县少数民族众多，以少数民族为主体，居住着壮、汉、苗、瑶、彝、仡佬 6 个民族，少数民族占总人口的 76.4%。

"边"，是指富宁县与越南山水相连，国境线长达 75 千米，边陲重镇田蓬属国家级二类口岸。

"山"，是指富宁县山高坡陡，地势狭窄，山区面积占国土面积的 96%，自然环境恶劣。

"穷"，是指富宁县是个贫穷县，全县经济发展底子薄、基础差，截至 2010 年仍然有 13.8 万人处于贫困线以下。

"战"，是指富宁县曾经长期处于养兵屯粮、支前参战的前哨阵地，先后经历了抗法援越、抗美援越和对越自卫反击作战，特别是 1979 年至 1989 年中越关系非正常化期间，全县人民一切为了前线，一切为了胜利，为捍卫祖国尊严和领土完整做出了巨大的牺牲和贡献，田蓬镇沙仁寨"87 个人 78 条腿"成为边境各族人民遭受战争创伤的历史见证，直到 1994 年，富宁县才被国家批准正式对外开放，开始了经济建设。1997 年开始实施战后恢复建设，支前参战使富宁县错失了许多发展机遇，在一定程度上延缓了经济发展的步伐。

所以，富宁县集边疆地区贫困的各种特征，这种现象的产生，既有客观的原因，又有自身主观的因素。

第二节　富宁县贫困状况

《中国农村扶贫开发纲要（2011—2020 年）》中提出的扶贫开发对象包括对"连片特困地区"的扶贫开发，所谓的"连片特困地区"指的是新时期中国绝对贫困人口的主要分布区，主要地区包括六盘山区、秦巴山区、武陵山区、乌蒙山区、滇桂黔石漠化区、滇西边境山区、大兴安岭南麓山区、燕山—太行山区、吕梁山区、大别山区、罗霄山区等区域的连片特困地区和已经明确实施特殊政策的西藏、4 省藏区、新疆南疆 3 地州是扶贫攻坚的主战场。云南省文山州富宁县正是处于滇桂黔石漠化区，滇桂黔石漠化片区涉及云南、广西、贵州 3 省（区）的 15 个地（市、州）、91 个县（市、区），是全国 14 个片区中扶贫对象最多、少数民族人口最多、所辖县数最多、民族自治县最多的片区。

一　基本情况

富宁县贫困状况表现为贫困人口比重较大，农村基础设施脆弱，农村教育、科技、文化等落后，人口素质低等特点。

一是贫困人口比重大。据当地政府部门统计，至 2010 年年底全县仍然有贫困人口 14.25 万，占全县农业总人口 37.28 万的 38.22%，占全州贫困人口 125 万的 11.4%。

二是农村基础设施脆弱。基础设施是农民赖以生存和生活的基本保障，2010 年富宁县还有 236 个村小组未通公路，占村小组总数的8.65%；有 191 个自然村未架通或未实行农网改造，占村小组总数的7%；有 93 个自然村未通电话，占村小组总数的 3.4%；有 290 个自然村未通广播、电视，占村小组总数的 10.6%；有 18.74 万人、12.63 万头（匹）大牲畜饮水困难，占农业人口的 50%；农田水利化程度低，并且配套不全，抵御自然灾害的能力差。

三是农村教育、科技、文化落后，人口素质低。从"十一五"计划以来，富宁县义务教育、高中教育和职业教育呈现较好的发展势头，办学条件明显改善，但是由于财政自给率较低，对教育、科技和人才培养投入不足，制约着"科教兴县"战略的深入实施。国民平均受教育年限为6.85年；科技进步对国民经济、农业、工业的贡献率为38.3%、41.4%、31.3%；电视光缆网络覆盖13个乡镇，城区数字电视用户覆盖率为76.6%。

和众多的贫困县一样，富宁县的贫困集中体现了贫困人口数量大、农村基础设施建设滞后和教育科学技术的落后，这些因素相互制约，决定了扶贫项目的艰巨性和长期性，如何摆脱贫困是一个必须进行综合性考虑的、长远规划的问题。

二　贫困分布状况

但凡贫困的发生与自然环境之间都有着紧密的关系，当然，贫困可以在任何环境中发生，但是自然环境恶劣地区的贫困往往表现为绝对贫困，而自然环境较好地区的贫困则是表现为相对贫困。富宁县贫困人口主要分布在冷凉土山区和石山区，低热河谷地区比冷凉土山区和石山区条件相对较好，冷凉土山区和石山区多数村寨地处偏远，交通不便，通讯不畅，信息不灵，缺乏市场经济意识；居住地生态环境恶化，自然灾害频繁发生；由于群众盲目开荒和开发，天然林资源遭到破坏，林草植被减少，水土流失严重，返贫现象每年都有不同程度的发生，在一定程度上制约了当地的经济增长，富宁县的贫困表现为绝对贫困。

（一）低热河谷区

低热河谷地区主要处于富宁县的中部和东南部，分布在10个乡镇49个村委会之中，面积1813平方千米，占富宁县总国土面积的33.8%；有27440户125150人，分别占富宁县总农户和总农业人口的35%和34%。低热河谷地区包括新华镇的团结、新兴、文华、各甫、那平5个村委会，板仑乡的板仑、瓦窑、四亭3个村委会，归朝镇的归朝、那旦、孟村、那腊、百油、里呼6个村委会，谷拉乡的平蒙、那龙、能地、新村、立达5个村委会，者桑乡的者桑、百民、百恩、那马、平安、弄所 6 个村委会，剥隘镇的那常、者宁、剥隘、板达、百洋、甲村 6 个村委会，那能乡的那能、那瓜、弄廷、那法 4 个村委会，洞波乡的洞波、那沙、洞塘、坡甫、洞洪、坡令、芭莱、那达 8 个村委会，阿用乡的阿用、那柳、者兰、那翁、里往 5 个村委会，木央乡的普阳村委会。

低热河谷地区水热条件优越，分布于普厅河、那马河、西洋江沿岸，属珠江水系的低热河谷区。耕地集中分布于沿河的一、二级阶地上，为河谷、丘陵、陡坡地带，海拔为 200—800 米，属亚热带季风气候，年日照时数多在 2090 小时，年均气温 19.3 度，极端最高气温为 40.7 度，极端最低气温为 -0.14 度，一年中的无霜期在 340 天以上，年降雨量均在 1100 毫米左右。这些条件能够满足热带和亚热带作物生长的需要，适宜种植双季稻和发展热带水果、甜竹等经济林。低热河谷地区还具有自然资源、人文景观和区位优势等方面的优势。

(二) 冷凉土山区

冷凉土山区地处富宁县东北部，分布在 14 个乡 (镇) 56 个村委会，面积 2016 平方千米，占富宁县总国土面积的 37.6%；有 32480 户 155904 人，分别占富宁县总农户和总农业人口的 41.5% 和 42.3%。冷凉土山区包括新华镇的那农、坡油、力追、腊拱、岩纳、坡地 6 个村委会，板仑乡的弄楼、郎六、平纳、木都 4 个村委会，归朝镇的百社、架街、灯冒、里马 4 个村委会，者桑乡的安哈、明村 2 个村委会，剥隘镇的那良村委会，那能乡的六温、那拉、那吉、登合 4 个村委会，洞波乡的那哈、安那、里那 3 个村委会，花甲乡的花甲、里色、龙三盘、戈里、木垢、那耶、炮火、达木 8 个村委会，阿用乡的那来村委会，里达镇的里达、小里达、里拱、那坡、牛场 5 个村委会，木央乡的木杠、大坪、木贵、木央、木匠 5 个村委会，田蓬镇的庙坝、下寨、中厂 3 个村委会，郎恒乡的那连、者斌、木坝、上农、那年、田房 6 个村委会。

冷凉土山区地域宽广，山大谷深，立体气候明显，海拔 700—1200 米，年均气温 16—17 度，极端最高气温 35.1 度，极端最低气温 -5.6 度。无霜期 280—300 天，年均降雨量在 1100—1200 毫米。土壤主要是砂页岩、玄武岩、石灰岩风化形成的赤红壤和水稻土为主；气候大体可分为两大层，海拔 900 米以下偏热，900 米以上较为温和，雨量适中，湿润度为 1.3 度，属于森林植被带，适宜发展茶果、八角、桐果等南亚热带经济林和杉树、松树等用材林。冷凉土山区干旱缺水，农业条件恶劣，贫困人口比重较大、贫困面积较广。

（三）石山地区

石山区地处富宁县西部和中南部，主要分布在 10 个乡（镇）41 个村委会，面积 1523 平方千米，占富宁县总国土面积的 28.6%；有 18218 户 87446 人，分别占富宁县总农户和总农业人口的 23.5% 和 23.7%。石山区包括新华镇的格当村委会，板仑乡的木腊、龙洋、龙迈、弄歪 4 个村委会，归朝镇的旧寨、龙绍、龙门、龙山、龙跃 5 个村委会，谷拉乡的多贡、峨村、弄色、马贯、谷桃、弄灯 6 个村委会，洞波乡的三湘洞村委会，里达镇的小木匠、中坝、达孟 3 个村委会，木央乡的木令、上寨、木树、木思、木寒 5 个村委会，田蓬镇的田蓬、龙哈、木卓、金竹坪、大平子、下平寨、龙修、碗厂 8 个村委会，睦伦乡的下者梅、睦伦、寒洞、田坝、木兄平 5 个村委会，郎恒乡的八龙、安良、戈桃 3 个村委会。

石山区为岩溶石山地貌，海拔 900—1500 米，地势起伏较大，坡陡，交通闭塞，区内石山裸露，以石山岩溶地貌的石旮旯地为主，土层较薄，崎岖不平，难以耕作。石山区缺土少水，基础设施落后，是贫困群体集中之地。

富宁县的贫困面较广，在富宁县的 34 个乡镇中的 146 个村委会中存在着不同程度的贫困。在这些贫困点中，又有各自不同的实际问题，如农业条件恶劣、交通闭塞、区内石山裸露、土层较薄、难以耕作、缺土少水、基础设施落后和人口素质低等。

三　贫困特征

随着扶贫工作的推进和项目的实施，富宁县的贫困人口不断减少，但是由于导致贫因素较多且复杂，所以返贫压力增大；贫困地区农民收入增长较快，但是收入差距扩大；贫困地区落后面貌总体得到改善，但是发展不平衡的问题十分突出；部分地区已经实现整体脱贫，但是特殊类型地区和特殊群体的脱贫问题仍然严重，同时还面临着自然条件差、生态严重失调等特征。

贫困人口在持续减少，但是由于致贫因素较多且复杂，返贫压力增大。改革开放以来，在国家扶贫开发战略的实施下，富宁县的贫困人口逐年减少，但是由于导致贫因素较多并且复杂，所以返贫压力增大。如果按照新的扶贫标准（年收入1196元/人），至2010年年底富宁县农村贫困人口有14.25万，占全县农业总人口37.28万的38.22%，占全州贫困人口125万的11.4%，贫困人口的绝对量依然庞大。按国际标准（每人每日1美元），贫困人口数量还更多，还有18.74万人未解决安全饮水问题，12.63万头（匹）大牲畜饮水困难，5000多户贫困群众的住房得不到有效改善，仍然生活和居住在危房和破旧房之中。

贫困地区农民收入增长较快，但是收入差距扩大。2010年富宁县城镇居民人均可支配收入达12301元，但是农民的人均纯收入只有2739元，城乡居民收入与农民收入差距在扩大，特别是瑶族支系山瑶与其他民族收入差距更大。从总体上表现出了县级财政收入的高增长掩盖了农民收入的低增长，城镇的繁荣掩盖了农村的落后，少数富裕大户掩盖了多数人收入不高，相对贫困现象日益凸显。

贫困地区落后面貌总体改善，但是发展不平衡问题仍然十分突出。通过近几年的努力，富宁县的交通、水利、能源等基础设施得到了极大的改善，但是边境地区的交通、饮水、上学、就医、住房等问题依然困扰着群众的生活，公共服务薄弱的环节基本体现在边远地区。基础设施的薄弱与"三农"发展不相适应，农民居住房屋和生活环境条件差。截至2011年，富宁县还有4.93万农户居住在土墙房或危房中，村内道路和农户进户道路硬化率仅为37.21%和36.85%。交通基础薄弱，全县还有228个自然村未通公路，行政村公路硬化率仅为35.17%。水利基础设施建设薄弱，骨干水源工程不足，供水结构不合理，农田的有效灌溉率低。防洪抗旱减灾体系尚不完善，旱涝灾害对农业生产影响程度深，全县农村仍有12.35万人饮水不安全。农村整体贫困面大，至2010年全县尚有310个村属于"边民贫"的深度贫困自然村，占全县村组总数的12.11%，所以富宁县的扶贫解困工作压力仍然很大。

部分地区已经实现整体脱贫，但是特殊类型地区和特殊群体的脱贫问题仍然积重难返。处于低热河谷地区的部分贫困村寨，经过多年的扶贫开发，其中一些村寨已经实现整村脱贫。但是，冷凉土山区和石山区的贫困问题仍然突出，特别是瑶族支系山瑶地区贫困面比较大，多重因素制约了实现脱贫致富，同时还有一部分由于灾害、疾病等导致的弱势群体，无法独立自主地解决贫困问题。

自然条件差、生态严重失调，富宁县自然环境条件较差，全县喀斯特地貌突出，山区面积占 96%，其中岩溶石山区有 964.85 平方千米，占全县土地面积的 17.04%，所以农业耕地质量普遍不高。富宁县许多边远地区农业条件恶劣，深山区水土流失严重，冷凉土山区干旱缺水，熔岩地区缺土少水，导致了农业自然生态的恶性循环。由于部分农民的生存环境恶劣，制约了社会经济的发展，2012 年人均 GDP 产值仅为 11370 元，农民人均纯收入仅为 4644 元，在全省和全州均处于较低水平，财政总收入只有 5.36 亿元，财政总支出却高达 20.5 亿元。

四　贫困原因

造成富宁县贫困的因素较多，这些因素包括历史、社会、经济发展、人力资源素质水平、灾害等，多方面的综合因素导致了富宁县的贫困人口较多。多种导致贫困因素的存在，给富宁县的扶贫工作带来了巨大的困难和挑战，简单的扶贫难以达到真正的目的。

（一）历史原因

边疆地区的人民在发展中除了受到资源稀缺、客观自然条件等的制约外，还面临着诸多不确定性的因素，处于边疆的人民从自身的亲身经历中更能够体会到边疆稳定、团结、和谐、繁荣的重要性。

富宁县古称富州，自古以来就是卫国戍边的前哨。特殊的地理位置使富宁县成为邓小平、张云逸等领导创建右江革命根据地的重要组成部分，20 世纪 30 年代土地革命后期到抗日战争初期，又发展成滇黔桂边区革命根据地的中心，是一个具有光荣传统的革命老区。新中国成立后，富宁县人民又先后投入 50 年代的援越抗法、60 年代的援越抗美斗争中，做出了巨大的贡献。1978 年党中央、国务院、中央军委做出了《关于进行对越自卫还击保卫边疆作战的决定》，富宁县各族人民以高度的爱国主义热情，参与到了"一切为了前线、一切为了胜利、要人给人、要物给物"的自卫反击战中，举全县之力量投入支前参战，保卫了祖国领土主权的完整，捍卫了祖国的尊严。在长达 10 多年的战争中，富宁县各族人民做出了巨大的贡献和牺牲，总共动员和组织了17980人支前参战。长年的战事，使富宁县的经济发展和人民生命财产遭受到了重创，造成直接经济损失上亿元。在自卫反击战期间，全县各类支前企业亏损6161万元，损坏运输车辆1520辆，因战造成边民死亡182人、伤残2544人，被毁民房2080间、学校16所、畜厩1262间、农田1.3万亩、经济林果1.52万亩、森林植被164万亩，造成边境地区132个村寨3.21万边民内迁，生产生活极度困难。新中国成立后的40年中，富宁县一直在做出奉献，与其他地区比较，晚走了10余年的改革开放道路。

（二）社会原因

富宁县是个多民族杂居县，由于地处偏远、交通不便、通讯落后、信息不灵，导致其与外界的交流较少，社会发育程度不高，生产方式落后，不少群众仍然以刀耕火种为主要的生产方式，过着靠天吃饭的生活。同时，少数民族地区教育落后，劳动者素质普遍较差，一些陈规陋习一时难以改变，也在一定程度上制约了社会经济的发展。

（三）经济发展原因

富宁县属国家重点扶持县，总体而言，富宁县的基础设施差，经济发展滞后，贫困面大，贫困程度深等成为制约经济、社会快速发展的瓶颈。多年来，富宁县虽然加大了对能源、交通、通讯、水利建设的投入，基础设施条件有了很大的发展和变化，但是总体水平还很低。例如，富宁县农村公路网络虽然已经基本建成，但是道路的等级低、路面差，晴通雨阻，发挥不了应有的作用。农业基础设施脆弱、水利化程度低，抵御自然灾害的能力差，群众因灾致贫、因灾返贫十分突出。

富宁县的自然地貌特征以喀斯特为主，高山区、石质山区较多，所以生态环境恶劣，水土流失和石漠化严重。富宁县境内山高谷深、地势陡峭、山峦叠嶂、沟壑纵横，山区面积占县域面积的96%以上，石山面积占富宁县国土面积的比重达到30%左右，泥石流、地质沉陷等自然现象时有发生。农村能源短缺，人畜饮水困难，居住条件简陋，群众生活贫困，并且贫困面大、贫困程度深。自然环境的恶劣决定了生产力水平低，社会发育程度低。

（四）人力资源原因

人力资源质量低下，劳动人口平均文化低。富宁县国民平均受教育年限仅为 6.85 年；科技进步对国民经济、农业、工业的贡献率分别为 38.3%、41.4%、31.3%，缺人才、缺技术、缺资金的问题仍然很突出，群众依靠科技致富的能力低，人力资源质量低导致增收致富的速度慢。

（五）因灾、因病原因

农民最怕的是灾和病，灾病的发生往往给农民造成致命的打击，不仅经济物质遭受损失，更重要的是有可能冲垮农民的精神，从此一蹶不振。富宁县的贫困地区绝大部分属于喀斯特地质，这决定了缺水、岩石裸露、地势起伏大、山高谷深、坡陡地少、土层薄、土质差，所以自然灾害十分频繁，因灾返贫现象严重，往往是"三天无雨便旱，一下大雨成灾"。常言说"靠山吃山，靠水吃水"，富宁县的这些贫困地区已经失去可靠之山和可饮之水。

导致富宁县贫困的另一个原因是群众基本医疗、预防、保健的需要得不到满足，许多乡村医院不具备治疗大病的能力，群众往往是生不起病、看不起病，特别是大病导致的群众因病致贫、因病返贫现象突出。

本书用大量的篇幅指出富宁县的贫困状况、贫困特征和产生贫困的原因，旨在说明，富宁县不仅仅是一个处于边疆的国家级重点少数民族贫困县，更为重要的是，在一个造成贫困原因众多、贫困面较大的县域中，还生活着一个非常贫困的民族——瑶族支系山瑶，山瑶在云南省主要分布于富宁县，山瑶是一个生活在国家级重点贫困县中的最贫困的少数民族，和富宁县其他的贫困群体相比较，山瑶显得更加贫困，处于绝对贫困状态之中。所以，在这样一个贫困县中，如何扶贫，就显得尤为重要。

第三节　山瑶基本情况

富宁县的瑶族分为蓝靛瑶、大板瑶和山瑶 3 个支系，山瑶在富宁县的生活时间较长，据《富宁县志》记载，山瑶是清朝雍正年间从广西的平果、田东、德保等地迁入，也有部分从越南迁入，至今已经在富宁县生活了 300 多年。瑶族是富宁县的主体民族之一，占全县总人口的 10.26%，主要分布在富宁县的洞波、归朝、木央、新华、里达、花甲、阿用等 13 个乡镇中。山瑶俗称"山瑶",又称"过山瑶",顾名思义,所谓山瑶,即生活在山上,意为靠山吃山。顾炎武在《天下郡国利病书》中描述瑶族"刀耕火种,食尽一山,则移一山。"亦即山瑶处于不断搬迁之中,《后汉书·南蛮传》对瑶族的生活环境则是说喜欢居住在山上,"衣裳斑兰,语言侏离,好入山壑,不乐平旷"。而朱辅的《溪蛮丛笑》中提到"山瑶穴居野处,虽有屋以庇风雨,不过剪茅叉木而已"。山瑶多为依山搭棚而住,生病人死移宅基,喜住单户,无定所,所以,从历史上看山瑶是一个喜欢不断迁移的民族。

山瑶是富宁县众多贫困群体中的一员,然而与其他的贫困群众相比较,表现最为贫困,不论是生活状况、经济来源、生存条件和人文素质方面,都有着独特性。

有学者经过实地调查指出,经过改革开放以来的扶贫工程,中国的扶贫工作取得了巨大的成就,农村贫困人口不断减少,部分成片的贫困区域整体解决了居民的温饱问题,贫困地区的生产生活条件显著改善,科技、卫生、教育、文化等社会事业快速发展,但是也面临着新的现实,在目前中国剩余的农村贫困群体主要分布于自然环境恶劣、基础设施较差、产业发展薄弱、思想文化落后的地区,并且贫困人口居住更加分散,导致扶贫难度和成本随之增加。[①] 而山瑶群众的贫困恰恰体现出了在客观上的自然环境恶劣、基础设施差、产业发展薄弱,主观上的思想文化落后,新时期的贫困特征在山瑶群众的身上得到了充分的体现。如何对新时期的贫困人口扶贫,特别是对由诸多因素造成贫困的少数民族的扶贫,这就需要在扶贫规划中理清思路,找准定位,在改变客观环境的同时改造主观世界,以提高贫困人口自我发展能力为重点,改善他们的生产生活条件,发展优势产业,提高自我发展能力和改善居住环境,瞄准最困难的群体和最难扶持的硬骨头,选择最迫切需要解决的问题开展工作,规划要明确各方面的责任和投资的渠道及投资的规模,特别要注意地方各级主管部门要与中央对口管理部门衔接,要因地制宜、统筹兼顾、突出重点、立足当前、兼顾长远。

在云南省富宁县,山瑶群众有 1828 户,共计 8429 人,占富宁县总

---

① 王贤斌:《中国农村扶贫开发面临的新形势与机制探讨》,《农业现代化研究》2013 年第 4 期。

人口的 2.19%，主要分布在归朝、洞波、那能、者桑、新华、花甲 6 个乡镇的 22 个村委会的 93 个村民小组。具体分布为：归朝镇 8 个村委会中有 54 个村民小组，1011 户 4863 人；洞波乡 5 个村委会中有 22 个村民小组，495 户 2140 人；那能乡 6 个村委会中有 11 个村民小组，227 户 1053 人；者桑乡 1 个村委会中有 2 个村民小组，35 户 157 人；新华镇 1 个村委会有 1 个村民小组，26 户 114 人；花甲乡 1 个村委会中有 3 个村民小组，34 户 102 人。造成山瑶群众的贫困有一定的历史特定原因，山瑶群众祖祖辈辈生产、生活在自然环境十分恶劣的条件下，导致这一群体到 2008 年仍然全部处于绝对贫困状态之中。有学者指出，贫困的衡量不仅有多个维度，而且有多种分析框架，应用较多的是可持续生计框架，它以包含自然、物质、金融、人力、社会等要素的生计资本为核心。① 山瑶群众的贫困集中了自然、物质、金融、人力、社会等要素，又具体体现在"4 低"和"5 难"上。

最能体现出山瑶群众贫困的那岗村，在实施外迁安置之前，那岗村山瑶群众居住在自然环境条件极其恶劣，基础设施建设滞后，信息闭塞，缺乏经济来源，社会事业发展严重滞后，是不具备人类生存发展条件的地方，"4 低"、"5 难"现象极为突出。如人均耕地比例低，人均耕地面积 0.87 亩；人均收入低，2009 年，山瑶群众人均有粮 275 千克，比全县人均有粮少 69 千克；人均纯收入仅为 466 元；生活水平低，绝大多农户长期依靠民政救济；人口素质低，适龄少年毛入学率仅为 50%，民族文化素质低，思想观念落后，封建迷信盛行。饮水难，绝大部分村寨在露天地方挖水塘积蓄雨水饮用，需到 7—10 多里以外的地方挑水；行路难，绝大部分山瑶群众的村寨远离集镇，未通公路，群众出行困难；住房难，大多依山搭棚而居，房屋极为简陋；用电难，大多山瑶群众居住的村寨未通电；就医难，群众缺医少药、看病难现象突出。

第一，人均耕地面积低。"广种薄收"是形容农村中粗放式的经营方式，但是山瑶群众就连这种效率低下、产出微薄的生产方式都不能实现。山瑶群众主要居住在石漠化严重的喀斯特石山区，这些地区岩石裸露、土层单薄、土地贫瘠、土地涵养水分能力差、水土流失严重，所谓

---

① 李佳：《中国连片特困地区反贫困研究进展》，《贵州社会科学》2013 年第 12 期。

的耕地实质上是石旮旯地，根本找不到一块平整的像样的耕地。据统计，2009 年山瑶群众人均仅有石旮旯地 0.87 亩，而且 90% 以上属陡坡石山地。

传统的农业生产决定了农民对土地的依赖性和不可分割性，当然社会发展至今，农民自身的观念变化，随着知识技能的不断丰富，对传统的、单纯的依赖土地为生的方式已经产生了颠覆，体现出靠技能而生、以知识而活的现状。但是，山瑶群众仍然离不开有限的土地，因为自身的知识文化水平低、观念落后、技术缺失等原因决定了其离不开土地，所以祖祖辈辈都生活在石山之中。

第二，人均收入低。衡量农村的发展程度，其中最主要就是以经济收入为标准，经济收入是划定贫困程度的主要依据。世界银行 2008 年以 1985 年购买力平价确定的国际贫困线中较低标准的每人每天 1 美元提高到每人每天 1.25 美元，按照 2015 年购买力水平则为 1574 元。山瑶群众的年人均收入远远低于世界银行所确定的贫困线，经济收入和现代化的农民之间没有任何的可比性，2009 年山瑶群众人均有粮 175 千克，比富宁县人均有粮数少 169 千克，年人均纯收入仅为 466 元，比全县平均水平少 1867 元。经济来源单一和收入低微，导致山瑶群众缺乏资金的积累，长年累月奔苦于生计中，制约了追求发展的能力和需要。全县 8429 人的山瑶群众几乎全部处于贫困线以下，其中有 32 户五保户和 396 户贫困农户只有长期靠民政救济。在大规模的扶贫开发工程推进实施之前，山瑶群众的生产生活、经济发展仍然没有明显变化，其中绝对贫困人口达 7922 人，占到山瑶总人口

山瑶群众的厨房　　　　　　　　汲水的山瑶妇女

的94%。

第三，生活水平低。经济水平决定了生活水平的高低，山瑶群众以玉米和土豆作为生活主食，没有年猪杀。在调查中发现，山瑶群众的一顿饭就是在破旧的铁锅上煮玉米面，有时再放上点野菜叶。

第四，人口素质低。人口素质在农村的发展中起着决定性的作用，贫困群众的贫穷落后往往体现在素质方面。由于山瑶群众居住分散，交通不便，同时又缺乏本民族教师，青少年教育存在语言障碍，教育教学工作开展难度大。同时，由于经济落后、教学设施滞后等原因，导致了山瑶孩子失学严重，适龄儿童的入学率远远低于全县平均水平。据当地教育部门统计，新中国成立60年来，山瑶群众累计仅有初、高中毕业生170人，大中专文化以上的仅有9人，外出参加工作（含退休职工）的仅有35人。长期处于贫困状态的山瑶同胞，由于人口素质的落后，形成了固有的传统习俗，在主观上制约了山瑶的发展。

民生工程与群众的日常生活紧密关联，而民生工程的严重落后，制约了农村的发展，山瑶群众居住的环境中，民生工程非常落后，集中体现在"5难"上，即饮水难、行路难、住房难、用电难、就医难。

第一，饮水难。水是生命之源，90%以上的山瑶群众居住在石旮旯地区，缺水相当严重，绝大部分村寨只能依靠挖水塘积蓄雨水饮用，饮水没有保障，安全隐患突出。截至2010年，还有59个山瑶村寨1045户4939人未解决饮水困难的问题，占富宁县山瑶总人口的59.5%。

第二，行路难。绝大部分山瑶村寨远离集镇，未通公路，部分村寨只通简易公路，坡陡弯急，路面狭窄，危险路段多，晴通雨阻现象十分严重，通达能力弱，群众出行困难。截至2010年，还有47个山瑶村寨未通公路，占总数的50.5%。

第三，住房难。山瑶群众大多依山搭棚而居，房屋极为简陋，大部分用树杈支撑、树枝围制而成，四面通风。自2002年实施茅草房改造工程以来，群众的住房条件有所改变，但是群众的房屋盖瓦以后"头重脚轻"，歪歪斜斜，极不安全。截至2010年，仍然有1231户5687人居住在篱笆房、危旧房、树杈房中，占山瑶总户数的67.3%。

第四，用电难。到2010年仍然有11个山瑶村寨一直未通电，已经通电的村小组大部分未实施电网改造，设施简陋，电流失量大，每度电价高达 2.50 元以上，群众有电不敢用的现象十分普遍。

第五，就医难。由于山瑶群众居住在边远地区，交通不便，经济困难，群众缺医少药、看病难现象突出，有病难就医。

由于缺水少土、石漠化严重，相当一部分地区产业发展十分困难，山瑶群众基本处于难以自给的小农经济下，导致了经济收入匮乏，生活十分贫困，绝大部分山瑶群众的温饱问题尚未得到解决，主要的经济来源只有靠种植玉米和较少的牛羊猪等。每年缺粮达到 4 个月以上，相当一部分农户长年靠吃玉米糊和野菜度日，多数群众长期需要国家补助救济粮，生活极为困难。

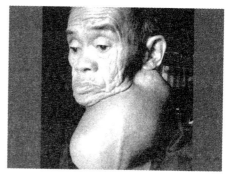

山瑶群众走的路   就医难

贫穷落后存在于山瑶群众居住的每个地区，如位于富宁县中部偏北的洞波瑶族乡，山瑶群众主要分布在三湘洞、那达、那沙、坡令、洞塘、芭莱 6 个村委会 22 个村小组 495 户 2410 人，占全乡总人口的 5.6%。该乡集中了自然条件恶劣、基础设施滞后、科技文化低等特点。

洞波瑶族乡自然环境条件恶劣。该乡山瑶群众人均耕地面积不足 0.8 亩，腊弄、高丰坡、托规等大部分村小组无农田耕种，仅靠耕种旮旯地来维持生活，且 90% 属陡坡石山地，水土流失严重。

基础设施滞后、生产生活极难，"4 低"、"5 难"的现象非常突出，导致了缺乏经济收入，生活水平低下。山瑶群众由于粮食人均占有量少，供给不足，大多数家庭的家庭财产总价只有 500 元左右，基本没有条件杀过年猪，即使有也只有 30—40 千克毛重，每年仅靠出售饲养的 1—2 只羊，难以维持最基本的生活开支，群众的生活十分贫困，其家庭经济主要来源是依靠传统养羊、养猪、养鸡。大部分群众尚未解决温饱问题，常年需要国家补助救济粮。除有少量的桐果外，无其他经济林果。改革开放多年来，大部分山瑶村寨经济发展仍然无明显的变化，生活水平仍处在 20 世纪五六十年代的状态。

科技文化方面受历史和环境条件的影响，形成了经济发展单一，科技文化事业基础薄弱，信息闭塞的状态，制约了广大群众对判断、分析问题能力的发挥，束缚了山瑶地区生产力的发展。总之，该乡山瑶群众的居住地理环境偏僻，经济基础薄弱，社会发展滞后，扶贫攻坚的难度较大，导致山瑶贫困面大，贫困程度深。

"一方水土养不活一方人"，山瑶贫困的根本原因是生存条件和环境太差，从而导致身体、教育素质太差。山瑶群众的贫困，不是某个方面的原因造成的贫困，而是集基础设施、经济来源、文化素质、思想认识、技能手段、谋生方法、环境恶劣等为一体的综合性体现。贫困一般分为绝对贫困和相对贫困。绝对贫困亦称生存贫困，指个人或家庭拼命劳动却不能维持最基本的生存需求，即衣食不得温饱，在生产方面缺乏维持简单再生产的基本物质条件。相对贫困则是指比较条件下的贫困，通常指不同地区、不同社会阶层（如部门、职业、单位、群体等）在经济收入、工作和生活条件以及生活质量等方面相比较而言的差距。中国反贫困行动所指的贫困乃是绝对贫困。① 山瑶群众在石山上的劳作，不能维持最基本的生存需求，属于绝对贫困。所以，对山瑶群众的扶贫，既要完善基础设施，找准能够带来长远经济效益的经济源，创造、提供一个有利于山瑶彻底摆脱贫困的外在环境，又要提高自身的知识技能，改变不合时宜、阻碍发展的思想观念，既要改造外在的世界，同时又要改造人的主观世界。

---

① 吴建国：《20 世纪末叶中国边疆民族地区反贫困行动述评》，《西南民族学院学报（哲学社会科学版）》2001 年第 3 期。

第二章

山瑶贫困原因分析

马克思说："个人怎样表现自己的生活，他们自己就是怎样。因此，他们是什么样的，这同他们的生产是一致的——既和他们生产什么一致，又和他们怎样生产一致。因而，个人是什么样的，这取决于他们进行生产的物质条件。"① 山瑶群众的贫困是客观和主观因素共同作用的结果，从对山瑶实际情况调查看，山瑶群众的贫困体现了自然地理环境条件恶劣、社会历史发育迟缓、人口素质低等。所以，山瑶群众的贫穷落后，不仅仅是由某个方面的原因造成的，而且是综合了经济收入较低、文化素质落后、技能手段缺乏、基础设施滞后、生态环境恶劣等各方面因素形成的。农村是一个集经济、教育、政治、文化等内容为一体的系统社会，而从具体"三农"，即农村、农民、农业角度看，又包括农村的村貌、环境、地理、发展程度，农民的素质、技能、观念、思想习俗，农业的内容、农业在为农村的发展中所起到的作用和所处的地位等，诸多因素都有可能造成农民贫困。瑶族支系山瑶群众的整体素质较低，耕作方式相对落后，科技含量低，导致温饱问题长期得不到有效解决。山瑶群众的贫困面之广、贫困程度之深已经不是一般意义上的区域性民族贫困，而是一个特殊地理单元中条件型贫困和素质型贫困交织在一起的综合型民族整体性贫困。

第一节　基础设施滞后和产业空白

造成山瑶群众贫困的客观原因之一为农村的基础设施薄弱，缺乏能够为农民带来经济收入的支柱产业。完善的基础设施是农民进行日常生

---

① 《马克思恩格斯选集》第 1 卷，人民出版社 1995 年版，第 67—68 页。

产生活的基本条件，而农业产业则是现代农村经济发展的重要源泉。山瑶群众生活地区的基础设施和产业发展的滞后主要体现在道路建设落后、水电稀缺、产业薄弱等。

一 基础设施滞后阻碍与外界联系

随着农村基础设施的变化，农村社会已经发生了翻天覆地的变化，通过加强和完善农村的基础设施建设，一方面改善了农村的生产、生活条件，同时也让农村和外在的世界融为一体，加速了城乡一体化的进程，实现了整个社会的共同发展与进步。以道路、水电、住房、公共设施等为内容的基础设施完善程度是农村发展程度的集中体现，只有在一定的经济基础上才能改善和提高农村基础设施的面貌。但是，在山瑶群众聚居地区，公路建设滞后、水电稀缺、住房破旧等现象仍然十分突出。

（一）公路建设滞后

公路是实现城乡一体化的纽带。2010 年富宁县山瑶群众聚居的 22 个村委会下的 93 个村小组中，还有 17 个村委会和 47 个村小组未通公路，即使已经修通公路的村落也是晴通雨阻，大部分村寨道路崎岖，人马难以同行，形同虚设，没有发挥出公路应有的价值。绝大部分山瑶村寨远离集镇，未通公路，部分村寨只通简易公路，坡陡弯急，路面狭窄，危险路段多，晴通雨阻现象十分严重，通达能力非常弱，给群众出行带来了巨大的困难。

山瑶群众所居住的环境决定了交通的发展滞后，由于山瑶群众分散居住在石山之上，要修通公路就面临着高昂的成本。同时，当地的地质条件差，基本是以石头为主，加之山高坡陡，也很难修出较好的道路。公路建设的滞后现状给山瑶群众的生产、生活带来了巨大的困难，阻碍了山瑶群众与外界的联系，使得山瑶群众处在一个相对比较封闭的环境中。

"要致富，先修路"，概括出了交通在带动地方经济发展、社会进步中的地位和作用，现实说明一个地方经济的发展速度和交通的覆盖率和畅通率紧密相关，交通的畅通能够把当地带入整个市场经济的环境中，当地的村民也可以通过这个渠道实现经济上的增收。同时，交通也可以加紧当地和外在世界的联系，实现互通有无、信息交换。

（二）水电稀缺

2011年，山瑶群众居住的地方尚未完全通电，已经通电的地方由于未实施农村电网改造，每度电价高达2.50元以上。造成电价高的原因在于，电力输送路程较远，产生了空耗。而对于处在绝对贫困中的山瑶群众很难承担这种价格，所以出现了通了电却不敢用电、用不起电的现象。电力在农村中的普及能够改变人们的思想观念、丰富农民的业余生活、满足农民物质文化的需要和保护自然环境，没有充分发挥出电力应给人们社会生活带来的价值。

一年四季缺水是山瑶群众面临的最大的问题之一，山瑶群众为什么会缺水呢？经过实地调查发现，山瑶缺水主要是由以下几个原因造成的。

第一，山瑶群众居住生活在高山之上。由于当地的山瑶群众有着不断搬家，而且越搬越往高处的习俗，导致最终的结果是出现了饮水困难的问题。

第二，当地自然环境恶劣，植被稀少，涵养水分能力差。山瑶群众居住和生活的环境中自然环境相当恶劣，山上基本是以石头为主，石漠化严重，土壤和植被的稀少导致了水分得不到涵养，水土流失严重。

第三，自然条件的恶劣限制了引水工程。在崎岖的石山上要开凿引水的沟渠工程，难度非常之大，而且距离较远，导致了水的严重流失。

水源的稀少和引水工程的滞后给当地山瑶村民的生产和生活带来了巨大的困难和限制，如在农作物的种植上，就不能够选择水稻，只能种植单一的玉米等，即使要种植零星的水稻，也要等到每年的雨季来临之际才有可能，属于典型的靠天吃饭，而这种机会主义的做法，若恰巧碰上干旱，则该年的收成基本无望。同时，缺水也导致了种植农作物的产量得不到保障，为了解决水的问题，山瑶群众只能靠降雨来满足生产和生活用水的需要，所以山瑶群众的饮水安全得不到保障。从对山瑶地区的实地调查看，山瑶中有80%以上群众都居住在水源奇缺的石山区，2011年还有59个村小组1045户4939人的饮水困难未能得到解决，占山瑶总人口的58.6%，部分山瑶群众虽然建有小水窖，但是只能解决2—3个月的用水，部分山瑶靠低洼的石窝窝"裁水"，饮水安全问题极为突出。

（三）住房破旧

山瑶群众的住房和现代化的农村比较起来，简直就是天差地别。山瑶群众绝大多数分散居住在偏远的石山区，2002 年富宁县开始实施茅草房改造的民生工程，一些群众的住房条件有所改善，但是仍然有住房困难户 1730 户，其中有 1231 户 5687 人主要居住在篱笆房、权权房里。绝大部分的篱笆房和权权房的质量不能保证，年久失修，已经成为危房和坏房。在这样的危房和坏房里面，人畜混居，环境卫生条件极差。低矮的房屋歪歪斜斜，面积狭小，四面透风，家徒四壁，部分家庭财产总价值不超过 500 元，真可谓是一穷二白、一贫如洗。

石山上的山瑶住房

山瑶群众大多依山搭棚而居，房屋极为简陋，大部分用树权支撑、树枝围制而成，四面通风，夏不遮雨、冬不御寒。山瑶群众把仅有的一间住房充分地利用起来，哪怕住房本身已经陈旧和危坏。一楼用于圈养牲畜，如猪、牛等，二楼用于生活、起居、饮食等日常活动，房屋的质量、卫生等方面均存在着问题。

住房条件差，给山瑶群众带来了巨大的安全隐患，这种危房和坏房随时有崩塌的可能，这与新农村和美丽乡村的建设目标形成了巨大的反差。从实现广大农民的安居梦、改善生活环境的角度看，新农村建设的提出和实施就具有了重大的现实意义，而从山瑶群众所生存的环境来看，实施新农村建设就更显得迫在眉睫。然而，要在这种自然环境恶劣、基础设施薄弱、人口素质较低、经济底子薄的地区实现新农村建设，却是一项复杂而艰巨的工程，这既需要当地政府部门的高度重视、群众的广泛参与，又需要社会各界的帮助，才有可能改善住房条件，实现安居梦。

二　产业发展基础差

"九分石头一分地，石头缝里种庄稼；种下几面坡，收来几小箩；一年辛苦半年粮，还有半年闹饥荒。"这是山瑶群众生产生活状况的真实写照，他们只能在有限的、贫瘠的土地上种植玉米、土豆和少许的水稻。

一年的收成

实行农村家庭联产承包责任制，解放和发展了农村的生产力，调动了农民的生产积极性，基本上解决了温饱问题，而农业产业化才能够实现农村经济的长远和持续的发展，其最大的意义在于能够稳固地保障农村的经济增长，增加农民的收入以实现和满足农民日益增长的物质和文化的需要。如果以农业产业化来衡量农村经济的发展态势和"三农"问题得到解决程度的话，那么山瑶地区则毫无产业化可言。走入山瑶群众世世代代生活的山中，山瑶群众基本上以自给自足的自然经济为唯一的生产方式，单纯地以种植玉米为主，再者简单饲养几头猪，谈不上资金的积累，而山瑶群众也不能够解决温饱问题。由于产业的空白导致经济的落后，经济的落后限制了山瑶群众的全面发展。马斯洛把人的需要从低到高分为生理需求、安全需求、社会需求、尊重需求、自我实现需求，如果用马斯洛人的需要层次理论来看山瑶群众需要的话，山瑶群众正在追求的是最起码的满足生理上的需要，还谈不上安全、社会、尊重和自我实现等的需要，纯粹属于需要层次论中的最低的部分。

三　收入低微缺乏积累

山瑶群众居住环境的恶劣，决定了种植经济作物的单一；山瑶群众缺乏技能以及农业产业没有发展起来等决定了山瑶群众的收入。据当地政府部门统计，2009 年农民人均纯收入 670 元，仅为全县农民人均纯收入的 28.67%，全省的 19.88%。

综上所述，由于受到基础设施滞后、产业发展基础差、收入低微、缺乏积累等客观因素的限制，山瑶群众最终陷入了贫困的恶性循环之中。在长期无法摆脱贫困的基础上，最终产生了"等"、"靠"、"要"的思想观念，而这种观念的存在，又制约了山瑶群众的主观创造性。客观环境的存在决定了人的主观意识，人在恶劣的外在环境中，会产生对此种环境下所造成的现象的否定，如若长期的挣扎和努力得不到回报，仍然不能改变环境所造成的贫穷与落后的现状，最终又会产生消极、放弃之疲软心态，对现实的失望，对自我的放弃，甚至会产生破罐子破摔的心理，这种心理的产生，则导致了自信心的丧失，对扶贫发展带来巨大的阻碍，对自我发展信心的恢复和树立则是需要一个长期的、持之以恒的改造过程。

第二节　生态环境恶化

少数民族生活地区不仅面临着经济落后、基础设施薄弱等困难，同时还面临着生态问题。

自然环境是人类赖以生存的天然的物质基础，给人类的生存和生活提供和创造了雄厚的物质基础和良好的环境，但是人类一旦长期、单纯地从自然界中攫取物质，缺乏保护，则将导致环境恶化、基本生存条件的丧失。由于客观和主观原因，造成了山瑶群众居住地区的生态环境恶劣，已经丧失了基本的生活和生存条件，贫困的山瑶群众只能长期依赖自然，缺乏生态保护意识和行动，导致生态不断恶化，最终形成了"人口增长—粮食紧缺—生态恶化—群众贫困"的恶性循环。

一　自然环境现状

由于长期对自然攫取和缺乏对自然环境的保护，山瑶群众居住的地方水土流失严重，山上植被稀疏，水土涵养能力差，基本上是石漠化严重的石山，环境的承载力已经完全丧失。石漠化十分严重，恶劣的自然环境导致山瑶群众的产业发展十分滞后，其所谓的耕地实为石旮旯地，没有一块像样的耕地和森林。

长在石缝里的玉米

总之，山瑶群众生存的石漠化地区的生态问题主要体现在生态系统脆弱、土地贫瘠、地质灾害高发、水土流失严重、水旱灾害频发等生态危机，生态环境的脆弱又增加了这些地区脱贫的难度。

二　自然环境恶劣原因

造成自然环境恶劣的原因既有外在的客观因素，同时也存在着很大程度上的主观因素。从外在的客观因素上看，山瑶群众生活的环境本来就比较差，石漠化严重，处在滇黔桂石漠化的核心区；从主观方面看，主要是随着人口的增长，不断地开发自然、缺乏保护造成的。

在客观上，山瑶群众居住的生态环境本来就比较恶化，基本上是石漠化的石头山，由于山上土壤贫瘠，植被覆盖率低，长期的风化导致了生态的恶化。而导致生态环境恶化的另外一个重要的原因是山瑶群众长期地依赖自然和对自然的过度开发和攫取，导致生态问题更加突出，并且呈现日益严重的现象。由于山瑶群众长期对自然的攫取，诸如乱砍滥伐现象严重，打柴获取燃料，缺乏保护意识，只是不断攫取而并不恢复等原因，造成了现在的自然环境遭到破坏的现状。

在人类社会由农业文明进入工业文明之后，环境问题的产生往往是由工业文明所造成的，诸如污染物等的排放导致物种灭绝、气候变化、危害人类健康等。但是，与工业文明造成的自然环境的破坏不同，山瑶群众居住地区的环境恶劣是由贫困造成的。自然界自身有一定的自我修复功能，只要外在的人为破坏减少之后，经过一定的时间能够自我修复和调节，当然，前提是没有遭到彻底的破坏，否则将永远不能自我恢复。所以，对自然环境的保护，更多的是要减少人为对自然的破坏。

三　自然环境破坏导致的后果

科学发展观的核心是以人为本，因为环境问题产生后直接威胁到人类的生存，所以以人为本就是为了人类的生存和发展的需要。自然环境的不断退化使山瑶群众没有其他办法和出路，只有在日益恶化的环境中年复一年地靠种植单一的农作物求生存。

（一）耕地面积不断减少

山瑶地区的生态环境问题十分突出，不仅制约了经济社会的发展，更为重要的是威胁到山瑶群众的生存。自然环境的恶劣决定和导致了山瑶群众的耕地面积不断减少，而耕地面积的减少很大程度上制约了山瑶经济的发展，山瑶群众已经失去了最基本的生产资料。山瑶群众人均仅有石旮旯地面积0.86亩，并且90%以上属陡坡石山地，土地涵养水肥能力差，水土流失严重。

如耕地面积最少的归朝镇洞保村小组，人均面积只有0.22亩，这就决定了为了获得口粮的需要和生存而不断进行毁林开荒。

石漠化严重

（二）自然灾害频发

自然环境遭到破坏的后果是自然灾害频繁，在山瑶地区，一年四季不是干旱就是洪涝，当地群众形容自然灾害是"三天无雨便旱，一下大雨成灾"。因为缺乏植被的覆盖，导致水分流失严重，所以缺水干旱也正是由于植被的缺失造成的，导致一场雨之后，诸如山体滑坡等自然灾害就出现。有的山瑶群众靠到山脚下背土到高山上，用石头垒出地种植庄稼。

山瑶地区生态环境破坏引发了一系列问题的产生，如耕地面积不断减少、水源减少、自然灾害频发、生存环境不断恶化、山瑶群众日益贫困等，最终形成了"人口增长—粮食紧缺—生态恶化—群众贫困"的恶性循环。所以，改善山瑶地区的生态就显得迫在眉睫。

生态与农村的贫困有密切的关系，有学者研究表明，人们通常认为贫困是多种因素综合作用的结果，但是这并不意味着各种致贫因素在贫困的形成中起着同等重要的作用。通常在众多的致贫因素中，总有一种因素起着主导作用。越来越多的研究成果表明，生态环境恶化与贫困有着紧密的联系。所以，把主要由于生态环境恶化而导致的贫困叫作生态贫困。并且认为，中国农村生态贫困的特征是生态贫困人口多，占农村贫困人口的比重高；生态贫困人口的地理分布高度集中；贫困程度深重，返贫率高，脱贫难度大；少数民族人口在生态贫困人口中所占比重较高；生态贫困地区对周边地区的危害较大。生态贫困的形成机理是生态环境脆弱致使当地的生存条件差、土地生产力低、疾病增加等问题的发生。① 当然，也有学者指出，虽然导致贫困发生的原因众多，基于自然地理特点的贫困村分类方法无法表现出社会经济方面的致贫因素。因为，即使自然环境很好的地方仍然存在严重的贫困现象，反之亦然。② 但是，不可否认的事实是，绝大部分贫困地区往往伴生着生态问题。从山瑶居住的地区来看，导致山瑶群众贫困的原因有自然环境的恶化、自身技能的缺乏、教育落后等。然而，目前最大的问题是环境问题导致山瑶地区已经丧失了基本的生存环境，陷入了贫困的恶性循环之中。

第三节 人口素质较低

贫困人口的贫困现象体现在经济和社会发展程度上，而造成贫困的根本原因则是人的自身，人口素质的高低从根本上决定了社会的发展程度，是否具有高素质的劳动者已经成为现代社会发展中不可或缺的要素。随着生产力的不断发展，在现代社会的发展中对劳动者的要求越来越高，以往单纯地依靠低技术的劳作方式和低产出的生产，已经不能够适应现代农业和农村发展的需要。

山瑶群众的素质低主要体现在文化水平低、缺乏现代化的劳动技能和思想意识、传统社会所遗留下来的落后的习俗并没有完全破除，这些因素还在制约着山瑶群众的发展，并且对山瑶的脱贫起到非常大的阻碍作用。

一 文化水平低

农村的现代化进程需要相应的人文素质与之相匹配，随着农村现代化进程中对人才的需要，同时为了保障农村劳动者素质的提高，国家出台并推行了9年义务教育政策，并免除了相关费用，这为农村中因贫困导致孩子上不起学的家庭减轻了压力。9年义务教育最大的意义在于为农村长远的、可持续的发展提供了人才保障，而从当前看则有助于为贫

---

① 陈南岳：《中国农村生态贫困研究》，《中国人口资源与环境》2003年第4期。
② 邓维杰：《贫困村分类与针对性扶贫开发》，《农村经济》2013年第5期。

困农民培养现代化的意识，为农民的发展、融入社会提供了一条可行、有效、便捷的通道。

上课的山瑶孩子

归朝镇坡娥小学

山瑶群众文化素质低主要体现在文化水平低。在山瑶群众生活的地区，适龄少年毛入学率为50%，儿童入学率难以巩固，文盲比重高达50%，多数山瑶群众听不懂普通话。据统计，新中国成立以来，山瑶初、高中毕业生只有170多人，大中专以上文化的只有9人，外出参加工作的仅有35人，而且还包括退休人员。多种原因造成了山瑶群众文化水平低、知识贫乏、技能缺失。

第一，经济落后，上不起学。在9年义务教育推行之前，山瑶群众微薄的收入难以为孩子的上学提供费用支持，这导致了大量山瑶适龄儿童没有实现上学的愿望，长此以往积累了大量的文盲，阻碍了山瑶群众素质的提高，最终制约了山瑶社会的发展。

第二，教育设施落后。教育设施的齐全与完善程度是教学效果的有力保障，在山瑶社会中，教育设施的落后、教学资源的匮乏和交通的不便等在很大程度上制约了山瑶教育的发展。

教育设施不足已经成为导致读书难问题的最大原因之一，许多山瑶学生往返学校需要2—4个小时。如龙绍小学，不足10平方米的房间，住了20多个学生，3个学生睡一张床铺。其实，教学设施不足、陈旧落后、适龄儿童入学率低等现象在整个山瑶社会中很普遍。

第三，师资力量缺乏。山瑶群众不会讲汉语，这就需要对山瑶孩子进行双语教学，但是，当地缺乏懂双语的教师资源，这也制约了山瑶孩子接受教育。

二　缺乏技能

人类的发展历史，就是不断掌握技能的一个过程，只有掌握了技能，自我独立地发展才有可能，由于山瑶群众接受教育程度低，这就决定了其技能的缺乏。

造成山瑶群众的贫穷原因之一是自身缺乏技能，由于自然环境的制约和普遍受教育程度较低，山瑶群众在日常生产和生活中缺乏现代化的技能手段。技能手段的缺失，导致新的技术在山瑶地区推行比较困难，对新技术的掌握能力较低。比如，农业技术的推广，在山瑶地区，农业生产中基本无法推广科技措施，群众普遍使用老品种，靠老方法种植，所以种养方式落后，粮食单产低。

现代化的农业发展需要农民掌握现代化的技术，现代化的科学技术在农业发展中的应用程度决定了"三农"问题得以解决的程度。

三　传统落后思想制约了山瑶的发展

造成贫困的原因有外在自然环境等客观因素的制约，而主观方面则是自身的思想意识和观念，和前者比较起来，后者往往起着更大的作用。所以，扶贫的根本任务就在于培养贫困群众的独立性意识、创造性本领。有学者指出，"小农意识"依然是阻碍当前中国农民现代性自觉的最大思想痼疾，小农意识是农民在以自然经济为基础、家庭血缘为本位的环境中形成的并内化于头脑中的认知心理、价值观念、思维方式、宗教意识等的总和。小农意识产生的重要原因在于生产和生活的封闭与狭隘，其"最本质特征是非主体性"，表现为经济上的平均意识、人格上的依附意识等，这些都是与自立、开放、交往的现代性特征格格不入的。[1] 长期形成的传统意识，在一定程度上阻碍了山瑶的发展。山瑶的传统习俗主要体现在不断搬家，祭祀消灾，"等"、"靠"、"要"思想严重等。

一是不断搬家。山瑶群众世代居住在山上，而且有着自己独特的文化和民族风俗及其特有的生活习俗，山瑶群众思想观念落后，这制约了

---

[1]　袁银传：《小农意识与中国现代化》，武汉出版社 2000 年版，第 13 页。

山瑶的饭桌

当地的发展，如传承着"死了一人又搬家"、"老鹰飞进家要搬家"、"蛤蟆进家人搬家"、"牲畜与人同地睡"等习俗。山瑶群众不断往高处搬家，从原来的聚居状逐渐演变成零星状的生存状态，这导致的结果是制约了经济社会的发展，给扶贫带来了更大的困难，增加了扶贫的成本，浪费资源资金，不利于发挥投入的最大化效益。

通常，人往高处走是人不断发展的表述，但是对于山瑶群众而言，则是不断搬迁的写照。山瑶群众对生活中的一些偶然或必然之现象的理解导致其一生都处在不断的搬迁之中。搬家，往何处走？中国传统中非常重视安土重迁，不会随意搬迁。搬家是迫不得已之决定和最后之抉择，如果选择了搬，一般情况是搬到好的地方，能够提供好的生活条件、较丰厚的收入等，总之，要体现出搬的价值。但是，山瑶群众的搬家，只有一个原则和标准，即搬到比原来居住地更高的地方去，长此以往，出现了山瑶群众都是生活在高山之上，呈现零星状。这给山瑶地区的发展带来了巨大的困难，陷入贫困的恶性循环中不可自拔，除非有外力介入，才有可能脱贫。

二是等靠要思想观念浓厚。部分山瑶群众宁愿在家门口等着享受国家每人每个月70元低保补助也不愿意外出务工，产生了一种安于贫困和"等"、"靠"、"要"的心理。对自然的依赖程度决定了发展的程度，越是依赖于自然，说明发展越是困难、现实越是贫困，没有摆脱自然的限制。特殊的外在环境和自身的传统观念的作祟，决定了山瑶群众只能靠天吃饭。其实，在调研的过程中发现山瑶存在着很多的"靠"的观念，如靠天下雨，以解决饮水问题和栽种出仅有的些许水稻和玉米，以求得收成，满足口粮需要；靠政府每月的 70 元的低保以缓解生计问题等。

这种"等"、"靠"、"要"思想的存续，既是山瑶群众对外在恶劣环境下无能为力的挣扎，又是对现实需要的一个回应。我们固然可以把思想观念的落后归结为山瑶贫穷落后的原因之一，是制约山瑶发展的主观因素，但是，当真正走入山瑶社会的时候就会发现，山瑶群众在恶劣的环境中创造着奇迹。如若城市中生活之人，剥去现有的一切社会关系和财富，要想在此种环境下生存，确是有一种无所适从和无能为力之感。

三是祭祀消灾现象严重。由于医疗卫生条件差，看病难现象比较突出，群众缺医少药，无钱治病，还存在祭祀消灾现象，因病致贫、返贫现象较为突出。

山瑶群众在长期的封闭的环境中生活，在行为、习惯、风俗和心理定式、生活态度等方面形成了自己独特和固有的价值观念，集中体现为"贫困观念价值观"、宿命观和轻视知识的文化观念。在这种价值观念下，决定了山瑶群众的社会行为，这种行为甚至让人不可思议。如不断地搬家，可以说山瑶群众一辈子都在搬家中度过，这造成了财力和人力资源的浪费。再如，本来生计就十分困难，但是很多山瑶群众喜欢饮酒，即使没有粮食下锅，也不能离开酒。有的学者把这种思想观念称为贫困文化，如美国学者奥斯卡·刘易斯提出的贫困文化论，认为贫困文化是贫困群体在与环境相适应的过程中产生的行为反应，并且内化为一种习惯和传统文化，它的特点是对自然的屈从感、听天由命、对主流社会价值体系的怀疑等。[①] 如何改变这种贫困文化，需要向山瑶群众传授一种现代化的思想观念和积极进取的精神，这是在对山瑶扶贫中要解决的核心问题，这就需要实施素质工程，落实科教兴国战略。

山瑶群众的贫穷与落后是一个总体的表现，体现在收入低微、产业

---

① 转引自谢君君《教育扶贫研究述评》，《复旦教育论坛》2012 年第 3 期。

基础差、自然环境恶劣、人口素质低等，山瑶社会的各个方面均存在，并且贫困度非常之深，是一个由各个方面的不足所决定和产生的贫困综合征，同时也最终让山瑶群众陷入了贫困的恶性循环之中。山瑶群众的总体性贫困给扶贫发展带来了巨大的考验和挑战，贫困综合征决定了扶贫不能单纯从某个角度入手，而是要从系统的角度提出可行的、科学的扶贫方式和有效实施。山瑶群众的贫困一直都得到当地政府部门的重视，曾经也采取过相应的扶贫措施，但是由于山瑶群众的贫困面积大，同时富宁县又是一个贫困县，不能够进行整体的扶贫，所以没有实现全面扶贫和整体的发展。

杜军林教授在《西部少数民族农村地区反贫困策略》一文中认为，西部地区是中国自然条件最恶劣、少数民族人口最集中、贫困问题发生最广泛的地区。民族文化的多样性、地域位置的封闭性加上恶劣的生态条件决定了西部民族地区贫困问题具有强烈的区域个性，同时也决定了扶贫工作的艰巨性和复杂性。那么，如何实现在西部少数民族地区的扶贫呢？有学者认为，从西部少数民族的实际出发，在转变观念提高认识的基础上发展特色产业；通过健全社会保障制度、扩大劳务输出帮助民族地区解困；发展科技教育增强民族地区的自我发展能力；促进文化多样性的发展等。[1] 从外在的条件看，对山瑶群众的扶贫要有国家政策的支持与倾斜，因为山瑶群众的贫困程度深以及当地财政收入的不高决定了需要国家、社会的支持和帮助。而从当地政府部门看，要紧紧把握住国家发展的相关政策和机遇，在此基础上发扬自力更生的精神，带领山瑶群众脱贫致富。从具体的扶贫过程中来看，则需要探寻出山瑶群众贫困的根本原因，山瑶群众需要什么，能够为山瑶的需要提供什么，山瑶生活的地区适合发展什么，环境恶劣的山瑶地区还是否适合山瑶的发展，通过什么样的渠道增加收入，如何在新农村建设、美丽中国建设和实现"两个一百年"的背景下，把与对山瑶群众的扶贫结合起来，把扶贫工程做成一个系统工程，制定和确立可行的方法。把以既实现山瑶群众的脱贫致富，又能增强山瑶群众的自我发展能力、实现山瑶地区的可持续发展作为扶贫的出发点和落脚点。

---

① 杜军林：《西部少数民族农村地区反贫困策略》，《农村经济》2013年第6期。

扶贫的目的是帮助群众脱离贫困，在扶贫的过程中为困难群众创造和提供一个有利于长远发展的环境，为群众的日后发展打牢基础，而不让返贫现象的发生。要实现初步脱贫的群众避免返贫现象的发生，则需要在教育、产业等方面做好扎实的工作，这样既从根本上保证了人口素质的不断提高，又为农村经济的发展提供了稳定的支柱产业。富宁县处于国家《中国农村扶贫开发纲要（2011—2020年）》滇黔桂石漠化区，富宁县的石漠化地区主要是山瑶聚集的几个乡镇，在新的时期，如何对连片地区的扶贫显得尤为重要。有学者提出，在《中国农村扶贫开发纲要（2011—2020年）》中提出的几个连片的贫困地区的扶贫中，从现实的角度出发，要做到坚持党的领导和政府对扶贫工作的主导，坚持统筹城乡、区域发展，坚持社会参与形成扶贫合力，坚持自力更生，激发自主发展能力。加强区域开发与产业扶贫的互动发展，没有区域开发的实践就不会有产业发展的基础和空间。加强集中连片贫困区教育支持力度，增强其人力资本基础。改善贫困人口的生存空间，继续实施搬迁扶贫。综合治理贫困，系统提升贫困人口的可持续生计资本。因地制宜，多元发展，制定适合片区自身的经济、文化、民族、自然禀赋等条件的扶贫与发展规划。如此，中国集中连片扶贫开发工作将会进一步减少贫困人口并推动区域发展。① 亦即在国家的扶贫发展的指导下，调动社会资源、鼓励困难群众参与，从实际出发发展产业，为困难群众提供和创造能够持续带来经济增长和发展的产业，形成产业规模。通过加强困难地区的教育，提高困难群众的素质，实现人力资源的可持续发展，最终培养出一条独立自主的发展道路。

从山瑶的自身实际来看，站得高，看得远，但是搬到山头上的山瑶群众却看不到未来。如果单纯地寄希望于从自身的角度去摆脱贫困，根本不可能。要使山瑶群众能够真正地站的高，走得远，需要给其一个起点、助推力。山瑶群众的脱贫、发展，既要有自身的觉醒、改变，还需要外力的推拉，为山瑶的发展创造一个良好的、可持续的外部环境；既要有政策的支持，又要有资金的投入，以实现在绝对贫困基础上的助推。

① 邢成举、葛志军：《集中连片扶贫开发：宏观状况、理论基础与现实选择——基于中国农村贫困监测及相关成果的分析与思考》，《贵州社会科学》2013年第5期。

第 三 章

明 确 思 路

《中国农村扶贫开发纲要（2011—2020 年）》中指出，对贫困群众扶贫的主要任务是基本农田和农田水利、特色优势产业、饮水安全、生产生活用电、交通、农村危房改造、教育、医疗卫生、公共文化、社会保障、人口和计划生育、林业和生态等。如何对一穷二白的山瑶地区进行扶贫攻坚，需要对当地社会进行全面考察、衡量，结合当地的实际，提出实事求是的发展战略，找出制约山瑶社会发展的根本原因、历史遗留的问题、现实状况、山瑶群众最需要解决的问题等，明确和制定有助于实现山瑶社会长远持续发展的思路。从对山瑶社会的调查结果看，山瑶群众的贫困既有历史的因素，也有现实的因素，既有外在客观环境的限制，又有自身主观条件的制约。从目前山瑶群众的需要看，最大的需要为实现温饱、改善民生、提高素质、摆脱恶劣的环境。

在实际的基础上，确定扶贫的思路，并且采取因地制宜的措施，是扶贫中首先要考虑的问题。有学者就扶贫发展的思路做过研究，认为扶贫开发的主要思路是完善扶贫战略和政策，提高扶贫政策的针对性和有效性；结合产业化扶贫，重点抓好整村推进；完善劳动力转移培训，发挥贫困地区的劳动力资源优势；稳步推进生态移民扶贫，注重扶贫与生态保护的结合。[①] 在针对山瑶群众自身的实际特点和造成贫困原因分析的基础上，富宁县查找出问题，为解决好山瑶群众的贫困问题创造了前提，找准了山瑶现实社会中最突出、山瑶群众最迫切需要解决的问题，为扶贫开发打开了突破口，针对存在的现实问题明确思路、制定政策和采取相应的措施。根据现实的问题和群众的需要，当地政府明确树立了扶贫的思路，即搬家、种树、办教育。以搬家实现摆脱恶劣的环境，改善民生工程；以种树改善

[①] 贾若祥、侯晓丽：《中国扶贫开发面临的新形势及发展思路》，《宏观经济管理》2011 年第 3 期。

当地的生态，在为山瑶群众提供新的生活环境的同时，又实现了对已经恶化的生态环境的治理和保护，实现可持续发展，把对山瑶群众自身的发展作为扶贫发展的核心；以办教育实现提高群众的素质、掌握技能、改造思想观念，培养和树立现代化的思想观念，帮助山瑶群众培养独立发展的能力，最终走上独立自主的发展道路。

第一节　搬家

把移民作为扶贫的主要方式，在国内和国际上均有出现。有的学者针对国际上的移民经验，提出中国的移民要注意的问题，认为在国际上的移民中政府通过建立灵活高效财政支持体系、注重发挥非政府组织的作用、充分吸取搬迁群众的意见、因地制宜发展后续产业、高度重视生态环境建设、选择实施差异化管理策略等，并且认为中国的移民扶贫在工作中要做到逐步加大易地扶贫搬迁财政投入、充分发挥信贷和社会资金的作用、强化健全后续产业扶持体系、探索推进差异化搬迁安置方式、进一步加强生态环境综合治理等。[①] 所以，在现实的移民中，也可以通过借鉴国际上的做法和经验，在对山瑶群众的扶贫中，这些经验得到了一定的体现。

移民现象在中国的发生有着不同的原因，诸如国家开发工程项目需要搬迁，或发生自然灾害需要搬迁。把移民作为扶贫的方式在中国以往的扶贫工作项目中出现较多，移民工程的实施对于贫困群众的脱贫致富起到了非常大的作用，特别是对于由生态环境恶劣造成的贫困起到的作用非常大。长期生存在恶劣的自然环境中的山瑶群众陷入了贫困的恶性循环中，斩断恶性循环，实现摆脱贫困，以及为了更好地保护生态，给生态一个休养生息、自我恢复的环境和能力，实现可持续发展，只有通过搬迁的方式得以实现。所以，把生活在生态脆弱、资源贫乏、环境恶劣地区的贫困少数民族通过迁移实现异地开发，脱贫致富。[②]

云南省从 1996 年开始异地扶贫，到 1997 年转移人口 2 万多人。云南省还从 2000 年起，计划每年异地安置边境地区少数民族农村人口

[①] 王红彦、高春雨等：《易地扶贫移民搬迁的国际经验借鉴》，《世界农业》2014 年第 8 期。

[②] 张俊明：《少数民族生态移民异地搬迁后的心理适应问题研究》，《中南民族大学学报》（人文社会科学版）2012 年第 9 期。

1000 人，用 5 年时间解决 5000 人温饱，即所谓"一五五工程"。①异地扶贫搬迁主要针对生态不断恶化的贫困地区，这是一种解决生态贫困问题的根本的和唯一的方法，通过异地搬迁移民可以实现脱贫、保护生态环境等多重目标。造成山瑶群众贫穷落后的主要原因之一是外在自然环境的恶劣，山瑶群众居住在石山上，长期的依赖自然导致自然资源匮乏，已经丧失了提供给山瑶群众发展所需要的最基本的条件。要改变贫穷落后的现状，唯一的方法就是搬家，通过移民的方式满足山瑶群众的市民化的需要，同时又实现了对当地自然环境的保护和可持续发展，打破"人口增长—粮食紧缺—生态恶化—群众贫困"的恶性循环。

《中国农村扶贫开发纲要（2011—2020 年）》中指出，专项扶贫方式要根据情况采取异地扶贫搬迁。在坚持自愿的原则上，对生存条件恶劣的地区扶贫对象实行异地扶贫搬迁，要引导移民搬迁项目优先在符合条件的贫困地区实施，加强与异地扶贫搬迁项目的衔接，共同促进改善贫困群众的生产生活环境，充分考虑资源条件、因地制宜、有序搬迁，通过改善生存与发展条件，着力培育和发展后续产业，为困难群众的长远发展打牢基础。有条件的地方要引导贫困群众向中小城镇、工业园区移民，为移民创造就业机会，提高就业能力。通过加强统筹协调，切实解决搬迁群众在生产生活等方面的困难和问题，确保搬得出、稳得住、能发展、可致富。在对山瑶的扶贫中，移民是主要形式，移民的前提是环境的日益恶化导致其已经丧失了基本的生存条件，所以要给困难群众创造良好的生存和生活环境，通过移民实现在自然环境改变和改善的同时，能够为困难群众的经济和社会、人力的发展创造和提供机会。在对山瑶的移民中，富宁县结合城镇化建设，在一定的条件下，让一部分山瑶群众搬迁到富宁县城，通过集镇和小城镇建设纳入一部分山瑶群众，对丧失基本生存环境的进行异地搬迁安置，改善山瑶群众的生产生活环境，创造和提供良好的客观条件。富宁县通过对当地山瑶群众生产生活的实际了解后，确定了只有通过搬家才能实现发展和脱贫的目标，最终确定了规划实施县内异地搬迁 1069 户4814 人，其中外迁安置 439 户 2072 人，就近就地搬迁安置 630 户 2742

---

① 吴建国：《20 世纪末叶中国边疆民族地区反贫困行动述评》，《西南民族学院学报》（哲学社会科学版）2001 年第 3 期。

人，小城镇廉租住房建设安置 240 户 1200 人和就近就地扶持发展 21 个村 519 户 2415 人。通过城镇化、异地搬迁和就地扶植，创造最起码的脱贫条件。对居住在自然环境恶劣、丧失了基本的生存条件的山瑶群众的扶贫上以进城和异地搬迁为主，而对于掌握了一定技能的山瑶群众以进城的方式进行扶贫，较低层次的山瑶群众以异地搬迁为主，而对于自然环境较好、有发展潜力、能够在原有的基础上通过扶贫最终脱贫的群众则进行就地扶植。

一　城镇化

城镇化是实现中国社会经济向更高水平发展的助推力，城镇化既能够实现经济的发展，同时又能够实现广大农民的市民梦、住房梦和就业、创业梦，实现全面发展的需要。2014 年中国出台了《新型城镇化发展纲要》，对中国的城镇化建设提供了指导，提出城镇化是现代化的必经之路，是保持经济持续健康发展的强大引擎，是加快产业结构转型升级的重要抓手，是解决农业、农村、农民问题的重要途径，是推动区域协调发展的有力支撑，是促进社会全面进步的必然要求。城镇化作为人类文明进步的产物，既能够提高生产活动效率，又能够富裕农民、造福人民，全面提升人民群众的生活质量。

县城安置点

把城镇化建设作为对山瑶扶贫发展的一种方式，把对山瑶群众的扶贫纳入国家提出的"四化同步"建设之中，其意义深远，并且在扶贫的过程中实现了国家对农村发展的需要。进行城镇化建设，让山瑶群众彻底摆脱恶劣的生存环境，由农民成为市民。富宁县通过近几年的建设和发展，小城镇建设已经粗具规模，完全能够满足山瑶群众迁入小城镇安置的需要。在城镇化的建设中，结合山瑶群众自身的实际和当地的条件，分为进入富宁县城和归朝镇两个点。富宁县城安置60户300人，归朝镇安置180户900人。安置点能够为山瑶群众的生产生活提供便利的交通、文化和就业上的需要。归朝镇地处富宁县县城东北部，是县城和乡镇的经济文化中心，323国道和广昆高速公路贯穿全境，是云南通往广西、广东等沿海地区的重要门户，具有优越的地理位置，颇具发展潜力，交通十分便利，方便群众生产生活。其地形、地貌、地质构造和环境条件比较好，地势较为平坦。安置点所在地的抗震设防为8度。地下水深3米，水质为重岩酸钙中性淡水，地下水对砼无侵蚀性。耕作层厚度0.28—0.35米，黏土厚度0.20—0.72米，圆砾卵石厚度0.6—1.10米。从街道的完善和区位优势来看，是居住、生产、生活的理想之地。

（一）城镇化的条件

城镇化是新时期解决"三农"问题的重要途径，城镇化具有区域协调发展、扩大内需、促进产业升级等方面的功能。农民进城需要充分考虑到是否能够实现发展，市民生活和农村生活的不同性决定了需要掌握不同的技术和谋生手段。在对山瑶群众的城镇化安置扶贫中，富宁县采取了进入县城和集镇安置的两种方式，在结合现代社会发展的需要和山瑶群众自身条件的前提下，对进城安置和集镇安置提出了相应的条件，目的是能够实现山瑶群众自身的发展。

城镇化的扶持中，需要一定的条件，山瑶群众要具备一定的素质能力才能安置到城镇中，如在富宁县城的安置中，需要有一定的文化知识和技能的掌握。符合以下条件的，优先考虑纳入县城安置。一是家庭人口必须在3人以上6人以下；二是家庭主要劳动力有3年以上外出务工的经历，掌握1—2门实用技术，具有相对稳定收入来源或有能力保障家庭正常生活；三是家庭财产变现超过10000元。能够使山瑶群众既来之，则安之，在城里住下来和发展起来。

纳入集镇安置必须具备以下条件：一是家庭人口3人以上6人以下；二是家庭主要劳动力有2年以上外出务工的经历，掌握1—2门实用技术，具有相对稳定收入来源或有能力保障家庭正常生活；三是家庭财产变现超过5000元。

（二）优惠政策

为了调动山瑶群众的积极性，对申请到县城集中安置的农户，当地政府给予了享受以下优惠政策的保障。

一是家庭成员转为城镇居民，享受城镇居民待遇，履行城镇居民义务。

二是纳入县廉租住房保障对象，每户由政府提供廉租住房1套。享受国家提供廉租住房的山瑶群众，按当年廉租房租金标准缴纳租金后，享有该房屋使用权，2011—2015年所缴租金由政府收取后按一定比例以生活补助的形式返还居住的山瑶群众，或按《富宁县廉租房租转售管理（暂行）办法》规定购买所租住的廉租房，取得房屋产权。出租的廉租房只能用于本户居住，不得以任何理由转卖、出租或抵押。取得廉租房产权满5年以上的，经县住房保障办批准并补足土地收益金，将国家补助部分资金退回后可进行交易。交易时住房保障办有优先回购权，未享受过廉租房保障的山瑶群众有优先购买权，交易后的家庭不得再次享受廉租住房的相关政策。

三是符合城镇居民低保条件的所有家庭成员按程序纳入城镇居民低保，今后按照国家低保政策，实行动态管理。

四是在校学生除享受国家有关教育政策外，还享受县委、县政府于2008年11月制定的扶持山瑶群众发展的"十大措施"① 中的相关优惠教育政策。

---

　　① 富宁县瑶族支系山瑶扶持发展十大措施：第一条，按政府规划集中新建安居房的农户，由政府统一平整地基，建房户每户补助1.8万元的物资。第二条，集中居住农户建设厩舍和沼气池、小水窖的每户每项补助水泥30包。第三条，到集中安置点的农户自愿实施坡改梯工程的，免费提供爆破物资。第四条，每个集中安置点由政府建设卫生室、文化活动室各1所，提供打砂机、制砖机、凿岩机各1套，由村小组管理使用。第五条，到集中安置点的农户种植杂交玉米的每户补助6千克籽种和2包化肥，种植核桃、油茶、花椒的免费提供苗木。第六条，到集中安置点的农户发展养殖业的，免费提供仔猪2头。第七条，到集中安置点的农户，全部纳入农村低保，免交新型农村合作医疗费，每户赠送2床棉被。第八条，山瑶子女在义务教育阶段全部享受"两免一补"政策，到集中安置点居住农户的子女就读小学的每人每月补助20元生活费、就读初中的每人每月补助30元生活费。第九条，就读高中阶段的山瑶子女，享受该校贫困生资助政策，每人每月补助50元的生活费；就读职高的，每人每月补助150元。第十条，就读大学阶段的山瑶子女，入学时每人一次性补助3000元；到集中安置点居住农户的子女，就读大学本科的每人每年补助2000元；就读大学专科的每人每年补助1500元，直至大学毕业；同等条件下，优先安排山瑶应届大中专毕业生就业。

五是家庭所有成员 5 年内由政府缴纳城镇居民医疗保险金，享受城镇居民医疗保险待遇。

六是家庭主要劳动力由政府免费开展 1—2 期劳动技能培训。

七是由公安部门免费办理户口迁移手续，教育部门为其子女义务教育阶段办理入学手续。

申请到集镇集中安置的农户，除了享受上述的优惠政策外，政府在其居住地附近提供菜园地 1 块，土地所有权为国有，群众有经营、使用和收益权。

（三）措施保障

城镇化移民中，富宁县通过稳步实施扶贫异地搬迁，结合实际，包括与城镇化的发展相结合，编制异地搬迁的专项规划，统筹安排、稳步实施、因地制宜地确定扶贫对象的扶贫标准，落实好后期的扶持政策。保证城镇化的顺利进行，富宁县注重培育第一产业、第二产业、第三产业，加强农牧业和务工技能的培训，着力解决农牧民转移就业长远考虑，确保搬得出、稳得住，有发展、能致富。

为了保证山瑶群众搬得出、稳得住，有发展、能致富，富宁县采取了必要的保障措施，通过发展产业、安居温饱工程、素质提高工程、生态保护工程和民生保障工程，力求为纳入小城镇建设中的山瑶困难群众提供必要的措施保障，实现其能够住下来和发展起来的目标。

把对山瑶群众的扶贫纳入整个富宁县的小城镇建设中，有助于加速现代化进程。小城镇建设，特别是把农村纳入城镇化建设之中，是破解"三农"问题的有效途径之一，为了在富宁县发展小城镇建设，以及以小城镇建设带动对山瑶的扶贫，富宁县推进其他各个小集镇建设步伐。富宁县积极开展小集镇建设规划，按照"各具特色、同步推进、以财建镇"的城镇开发模式，加快里达、洞波、者桑 3 个小集镇的开发，逐步探索谷拉、那能、花甲、阿用 4 个小集镇开发的有效模式，进一步加强集镇道路、市场等基础设施建设，提高集镇发展水平，同时注重集镇开发和周边人口密集的行政村建设，使人口逐步向城镇集中，重点推动普阳集镇带动农村发展试验区建设，力图探索出一条符合富宁县乡村发展路子。积极发挥规划对城乡资源配置的引领作用，推进城乡之间、农村区域之间、农村经济与社会之间的协调发展，在工业化、城镇化深入发展中同步推进农业现代化，打造全方位城乡互动、协同推进的"三农"工作新格局。在推动整个富宁县小城镇建设中，实现了山瑶群众与富宁县各族人民的同步发展。

二　异地安置

对于已经丧失了基本生存环境的山瑶群众采取异地搬迁，通过实际调查，符合异地搬迁的有 1069 户 4814 人。在异地搬迁中采取两种方式，即外迁安置 439 户 2072 人，就近就地搬迁安置 630 户 2742 人。

洞波安置点

贫困群众的迁移需要在新的环境中从头再来，需要政府给予土地等生产资料上的保障，才能实现搬得出、住得下、能发展。对于异地搬迁的山瑶群众，按人均不低于 1 亩基本农田、2 亩经济林地、0.3 亩宅基地的标准，通过州、县调查落实，选点安置。

进行异地安置，首要的目的是帮助山瑶群众实现脱贫，最终实现经济、社会、生态的可持续发展，所以要选择好有利于山瑶群众长远发展的地点。经过实地调查发现，在富宁县有适合异地搬迁和安置的条件。富宁县境内有荒山荒地面积 344 万亩，涉及新华、花甲、阿用、洞波、那能等乡镇和金坝林场，主要种植杉树、松树、八角、桉树、膏桐、红豆杉等经济林木。安置区内水、土、气候、植被等资源条件较好，已经具备良好的环境和资源条件，完全能够满足县内异地搬迁安置山瑶群众

4814 人生产生活的需要。

三　就地扶植

山瑶聚集的村镇中，有一部分环境较好，具有一定的资源优势，当地政府通过实地调查之后，对这部分山瑶群众进行就地扶植。通过充分发挥当地资源，实现在此基础上的脱贫致富。把对于生态环境较好的山瑶村寨的扶贫纳入美丽乡村工程建设中，以集中连片贫困乡镇为重点，深入开展整乡推进扶贫开发，规划实施整乡推进扶贫开发项目 6 个，包括者桑、花甲、里达、归朝、木央、田蓬 6 个乡镇，其中 2013—2015 年实施 3 个，2016—2020 年实施 3 个。就地就近扶持发展 21 个村寨 519 户 2415 人，涉及新华镇、者桑乡、归朝镇、洞波乡、花甲乡等乡镇，这 6 个乡镇 2010 年人均纯收入达 1280 元，农民人均有粮 290 公斤。

就地扶植

在就地扶植的村寨中自然、经济、社会条件较好，通过扶植有可能实现山瑶群众的脱贫致富。这些村寨地处亚热带季风气候区，属低热河谷区和冷凉土山区，立体气候较突出，年均气温 19.5 度，年均降雨量近 1200 毫米，无霜期 320 天，土地资源丰富，水资源条件好，交通便利，光热充裕，雨量充沛，雨热同期，适宜生物的繁殖生长。该地区人均耕地面积 1 亩以上、宜林荒山 10 亩以上，适宜发展八角、油茶、油桐等经济林和杉树、松木等用材林，发展潜力大。根据当地的自然资源和市场条件，可以走"山上种林果，山下搞养殖，山内兴基地，山外拓市场"的产业发展路子，为加快当地群众发展农业、林业和畜牧业提供了良好的基础条件。通过采取就近就地整体推进的扶持方式，整合各种资源，改善群众的生产生活条件和发展空间，大力发展地方特色支柱增收产业，使山瑶群众尽快稳定地解决温饱问题并实现脱贫致富。

有学者认为，中国长期实行城乡分治的户籍管理制度，农业人口集中在农村，非农业人口大部分集中在城市，形成"城乡分治、一国两策"的局面。而这种局面对城市人口有利，对农业户口的人是不利的。在经济上，农业人口和城市人口在税赋、所有制、就业等方面所享有的国民待遇不同。[①] 通过城镇化、异地搬迁和就地扶植，以及在此过程中的政策和措施上的保障，为山瑶群众的发展创造和提供了良好的外部环境。把对山瑶的扶贫发展纳入城镇化建设中，让山瑶群众享受到城镇居民的待遇和利用城镇中资源，顺应了国家提出的城镇化建设的要求。

富宁县在对山瑶的扶贫中，通过结合山瑶和富宁县的实际，通过城镇化和就地扶植的方式，对丧失资源环境的贫困群众创造良好的生活和发展环境，对生存条件较好的山瑶地区通过就地扶植，发挥利用资源，探索出一条能够实现山瑶的全面、持续发展的地方性路子。

第二节　生态工程

在以农业、农村和农民为内容的"三农"问题中，农民是主体，居于核心的地位，农业是农民所从事的职业，农村是农民生活和从事农业职业的环境，三者之间相互影响，互相决定。农村环境的破坏、生态的恶化必然使农民的农业生产受到影响，降低粮食产量，经济衰退，威胁到农民的生活。所以，农村生态的破坏会引发一系列的社会问题。应该从以人为本的角度看待农村的生态问题，因为农村生态环境关乎农业生产和农民的生存。

从生态破坏引发的以贫困为主的山瑶群众生活的环境中，由于人为的攫取、砍伐等引发了本来就较为脆弱的生态环境进一步恶化，山瑶群众的耕地是在石山上用石头垒出的零星耕地，水土流失严重，只能种植

① 陆学艺：《中国"三农"问题的由来和发展》，《当代中国史研究》2004年第3期。

单一的农作物。随着环境的不断恶化和水土流失，导致粮食产量逐年减少，农业受到毁灭性打击。以种植玉米为主的山瑶群众无法再继续从事农业活动，这导致山瑶群众常年处于温饱线以下，一年只有半年粮。

美丽建设中国，是广大人民的希望，是党和政府对人民期盼的满足。生态文明包括了生态观念、生态行为模式及生态制度。山瑶群众在现实中有两个需要——脱贫和改善生态。所以，如何对自然环境恶劣、已经丧失了基本生存环境下的山瑶群众进行扶贫，这需要在既实现经济效益的同时，又能实现生态效益，实现二者兼得。居于对山瑶的发展经济脱贫和保护生态环境的需要，富宁县结合实际，在搬家移民的同时，提出了种树的对策，农民要致富，山上有出路。即结合当地的实际种植经济林木，实现为困难群众增加创收的经济效益和保护自然的生态效益。对于生活在自然环境恶劣的贫困少数民族而言，既有脱离贫困，又有良好的生态环境的需要，所以生态的不断恶化决定了保护生态的必要，对于处于生态贫困地区的贫困人口而言，如何改变贫穷落后、环境恶劣的态势？有学者提出，中国农村生态贫困的治理对策，多管齐下缓解人口压力实行计划生育，控制新增人口数量，积极组织劳务输出，实施环境移民，大力发展生态农业，努力提高生态贫困地区干部群众的生态意识等。[①]

一　生态恶化决定了保护生态的必要性

造成生态问题的原因众多，在生态危机频频出现的今天，世界各国都在探索生态治理途径。在学术研究中，更多的专家和学者主要从工业给生态造成的危机角度出发寻找生态危机发生的原因和治理的途径。如美国学者罗伊·莫里森在其《生态民主》一书中，把"生态文明"定义为节制"工业文明"对地球资源和生态环境破坏的一种新的文明形式。从此之后，生态问题已经成为全世界共同关注的话题之一。

改革开放以来，在经济建设取得巨大成就之时，生态问题也日益凸显，而生态问题的出现又带来了一系列的社会问题，所以在发展经济的同时加强环境保护，提高生态治理的能力势在必行。从宏观的角度上

---

① 陈南岳：《我国农村生态贫困研究》，《中国人口资源与环境》2003 年第 4 期。

看，有的学者认为，生态危机对现阶段中国最大的影响是它成为制约小康社会的瓶颈，进一步影响科学发展观战略的推进。当前，中国经济社会发展面临资源紧缺、环境污染严重、生态系统退化的严峻挑战，生态环境和资源问题已经成为制约中国全面建成小康社会的瓶颈，并且严重影响中国可持续发展战略的进一步推进。同时，生态环境问题也越来越成为威胁人民身体健康、公共安全和社会稳定的重要因素。[①] 固然，生态危机影响小康社会的建设、不利于可持续发展、威胁人民的健康等，但是对于山瑶群众而言，目前最紧迫的问题是由生态问题造成的贫困，从现阶段山瑶的实际看，如若在此生态恶劣的环境下，没有经过扶贫开发，不可能实现小康社会。所以，现阶段的首要任务是要为实现小康社会打牢基础。其实，从中国的实际来看，广大的农村，特别是西部的农村中工业发展程度还较低，造成生态危机的原因不是工业文明，恰恰是农民对自然的长期依赖、攫取和过度开发，导致生态自身的承受能力降低或者消失，从而引发一系列的问题，诸如贫困等。

　　造成山瑶居住地区生态问题的主要原因是山瑶群众在原本就比较脆弱的生态中长期地依赖和获取资源，山瑶群众基本都生活在石漠化严重的石山之上，由于长期对自然的依赖和对资源的攫取，导致了生态恶化，水土流失严重，已经丧失了生存的基本条件。缺乏生态保护观念和行为，导致了石漠化不断加重，从而威胁到山瑶群众的生产和生活，在日益恶化的生态中，导致粮食产量降低、经济收入减少、生产和生活困难。

　　所以，针对人为的以破坏自然环境为主造成的生态问题以及贫困，同工业文明带来的对环境的污染治理不同，在山瑶地区面临着既要恢复自然的再生能力，又要面临困难群众脱贫的问题。党的十八大报告提出经济建设、政治建设、社会建设、文化建设和生态文明建设，把生态文明建设提升到国家的发展战略之中，形成了"五位一体"的社会主义建设总体布局，正是居于深刻认识到生态文明是现代文明的重要体现之一，是经济、政治、社会和文化发展的重要补充，失去了生态文明的内容，经济、政治、社会和文化建设将无从谈起，五点之间不可偏废。从

　　① 王晓广：《生态文明视域下的美丽中国建设》，《北京师范大学学报》（社会科学版）2013 年第 2 期。

山瑶的实际来看，同样有这些需要，但是目前山瑶最需要的还是经济发展和生态保护，因为不断恶化的自然环境导致山瑶没有产出、没有收入、没有发展、没有环境。

在山瑶群众生活地区众多矛盾中，经济增长和生态保护之间的矛盾是主要矛盾之一，是摆在山瑶群众和当地政府部门面前迫切需要解决的首要问题和难题。因为，环境的不断恶化造成的经济增长的困难和山瑶群众已经丧失的基本的生存环境决定了既要保护生态，又要反贫。造成山瑶群众贫困的外在客观条件是自然环境的恶劣，由于长时间对自然的依赖和攫取，导致生态的退化，没法实现完全摆脱对自然的不断获取导致生态的不断退化，最终的结果是山瑶群众的生活每况愈下。所以，必须减少对自然资源的攫取，要在农村实现真正对自然环境的保护，只有通过退耕还林的方式实现，以替代的方式实现或者减少完全依赖于自然生存的状态。

二 围绕增加收入发展经济林木

由于生态问题产生的原因不同以及所造成的贫困现状，决定了在生态治理上必须采取不同的措施和途径。如何实现增加山瑶群众的经济收入，是摆在扶贫攻坚项目面前急需解决的首要问题，实现农民群众增加收入的渠道很多，但是不同的地区又有着不尽相同的实际，千差万别的具体实际情况决定了必须从当地的实际出发。造成山瑶群众贫困的原因为自然环境恶劣、缺乏产业基础、农业发展程度低、农民素质低等，这就决定了在扶贫中既要能实现山瑶社会的全面发展，又要实现保护好生态、构建起牢固的产业基础、提高农民的素质等，为山瑶社会的可持续发展创造良好的条件。富宁县在对山瑶扶贫攻坚项目中，立足于自然环境的恶劣导致山瑶群众长期生活在贫困之中，以项目推进的最终结果实现增加山瑶群众的经济收入和保护生态为目的，这样既实现了对自然环境的保护，为山瑶地区的可持续发展创造良好的外在环境，又实现了经济收入的增加，实现经济效益和生态效益。

富宁县从自身的实际出发，在山瑶扶贫发展上主要以种植经济作物为主，根据当地的气候、水土、市场需求等条件种植油茶、核桃、八角、水果、林业等经济林木。

八角林　　　　　　　　　　　　　　南山油茶基地

　　富宁县种植八角、油茶、核桃、油桐等经济林木有着悠久的历史，根据调查资料显示，目前全县八角种植面积为 47.5 万亩，其中挂果林面积为 47 万亩，2011—2014 年新植面积为 0.5 万亩。在挂果林面积中，盛产期面积为 26.11 万亩，初产期面积为 9.52 万亩，衰产期面积为 0.99 万亩，主要分布在洞波、者桑等 13 个乡镇和 2 个国有林场，以 20 世纪 80 年代后期到 90 年代种植居多。2013 年年底，全县八角产量 11306.5 吨，产值 13568 万元。富宁县于 1999 年被中国特产之乡组委会命名为"中国八角之乡"称号。

　　油茶在云南省已有 1000 多年的栽培历史，全省 128 个县中近 80 个县有栽培记录，其中以文山州的富宁县和广南县分布最为广泛。油茶是富宁县的优势资源之一，也是全县的传统产业。现有油茶种植面积 66.06 万亩，分布在 13 个乡镇和金坝林场，种植户有 7032 户。其中，挂果林面积为 15 万亩，2011—2014 年新植面积 36.11 亩，种植品种主要为白花油茶。2013 年，油茶产量为 1246.99 吨，产值 8347 万元。

　　核桃是富宁县木本油料产业之一，全县现有核桃种植面积为 20.45 万亩，其中挂果林面积 5000 余亩。2011—2014 年新植的面积有 1 万亩，主要分布在新华、里达、木央、田蓬一带。2013 年年末，全县核桃产量为 1119.3 吨，产值 1311 万元。

　　富宁县油桐现有面积 2.9519 万亩，是富宁县"九五"、"十五"期间发展的经济林树种，90% 以上是农民分户经营，普遍零星分散。2013 年产量 7974.7 吨，产值 2166 万元，全县 13 个乡镇均有分布。由于投资和技术上的原因，群众经营的油桐没有形成规模，并且管理粗放、产量低，对所产桐果，群众主要是直接出售原料或者用作低档商品原料处理，平均价格约为 1.4 元/千克。

按照"生态保护、产业发展、群众增收"的总体思路，把生态保护建设与农业增产、农民增收、山瑶群众发展结合起来，坚持从山瑶地区的实际出发，根据山瑶地区资源情况，因地制宜，加大产业扶持投入力度和产业项目的实施。围绕着八角、油茶、核桃、油桐经济林木的发展，富宁县已经构建起了相关的加工产业。所以，发展经济林木就具有实现对山瑶地区生态保护的意义，同时又能够为山瑶群众创收和为相关的企业提供了原材料，有利于企业的发展壮大，而企业的发展壮大，又为山瑶提供了源源不断的经济来源。

第三节　提高人口素质以固根本

"扶贫先扶志、治穷先治愚。"人口素质低下造成了山瑶群众的贫穷与落后，要改变贫穷与落后的现状，就是要从根本上提高人口素质，以提高人口素质为实现山瑶群众发展的根本保障。改变和提高人口素质的唯一途径就是教育。贫穷不能穷教育，教育越落后导致越贫穷，贫困导致山瑶孩子上不起学，而缺乏知识技能又导致山瑶思想观念的落后，加剧了贫困的深度。

"素质教育"工程不仅是山瑶扶贫发展工作的重中之重，也是后期扶持山瑶发展的重点工作，更是扶持山瑶发展工作中的一个长期的系统工程。在素质教育工程中，富宁县通过继续加大教育基础设施建设力度，进一步完善扶持政策措施，使山瑶学生学习、生活得到应有的保障，解除了其后顾之忧；进一步加大技能培训力度，增强自我发展能力，鼓励山瑶学生就业创业，进一步拓宽经济收入渠道。为了彻底改变山瑶群众思想观念上的贫穷给山瑶社会带来的落后现状，富宁县在对山瑶群众的扶贫发展中，把办好教育作为扶贫发展的思路之一。从义务教育、职业技能培训、改善办学条件、奖励鼓励上学、教育补助、就业政策等入手，力求实现山瑶孩子有学上、上得起学，学有所成、就得了业。山瑶群众由于自然条件恶劣，贫困程度深，人口素质不高，观念落后，造成了物质和知识的"双重贫困"。所以，教育是社会经济发展的动力源泉，扶贫先扶志，治贫先治愚，加快石漠化地区特别是处于深度贫困状态中的山瑶群众的教育事业发展，切实提升素质、提高技能水平，是扶持山瑶群众发展的核心，是从根本上转变贫穷落后面貌的关键。通过实践和探索，富宁县实施3大工程办教育，让"希望的一代"学有所成，让"奋斗的一代"劳有所获，让"奉献的一代"老有所养，从提升素质、转变观念这个根本着手，加快山瑶群众脱贫的核心理念，把山瑶农民培养成为"有文化、懂技术、会经营、守法纪"的新型农民。

一 加大教育基础设施建设

孩子是未来，是希望，如何实现发展，避免贫困代际相传，让下一代山瑶孩子彻底摆脱贫困，则需要加大基础教育，贯彻义务教育政策。如何解决好山瑶青少年儿童入学问题，使教育公共资源向农村、贫困群体和特困少数民族倾斜？富宁县整合师资力量，加大教育培训力度，探索送教下乡、优秀教师挂职锻炼等方式，鼓励优秀教师到边远山区任教，不断加强现代教育体系建设，积极发展远程教育，继续支持党校、教师进修学校、农广校等机构办好学历教育和成人教育，建设学习型社会，办好人民满意的教育。

（一）贯彻义务教育，造就新一代

贫困制约着山瑶子女的就学，人均受教育年限仅为5.6年，比富宁县低1.6年。2010—2011学年在校就读的山瑶学生共有1698人，其中小学1246人，初中401人，适龄儿童入学率98.2%；高中29人，职高5人，中专5人，大学在读17人。长期以来，由于山瑶群众居住分散，远离集镇、村委会和学校，适龄儿童上学要走3—4个小时的山路，加上缺乏本民族教师，存在语言障碍，教育教学工作开展难度大。

2009年以来，富宁县先后在县一小和县城新华中学开办了山瑶寄宿班，到2012年，县一小已经开班3批次共150人，新华中学开班2批次共92人，同时以乡镇为单元，吸纳山瑶学生到就近乡镇中心学校就读，并且出台了一系列教育扶持政策，切实解决山瑶学生入学难的问题。通过在集镇、县城设置"山瑶班"集中办学，全县1698名山瑶在校学生实现了免费入学，在校山瑶大学生有23人，高中36人，初中

409 人，小学 1315 人，适龄儿童入学率 98.8%，人口素质得到明显的提高。

富宁县按照科学发展观和构建和谐社会的要求，围绕各民族共同团结奋斗、共同繁荣发展的民族工作主题，以"改变一代人、培养一代人"的扶持少数民族发展思路，坚持一切从实际出发，因地制宜，因族施策；坚持扶贫与扶智相结合，立足现实，着眼长远，统筹规划，分年实施；坚持政府主导，群众和社会帮助相结合，整合资金，形成合力；坚持改善生产生活环境与提高整体素质相结合，通过制定和实施规划，全面扶持发展，使 93 个山瑶村寨生产生活水平有了明显的改善和提高，山瑶群众生产生活水平达到当地平均水平，教育得到了长足的发展。

（二）改善教学条件，创造良好育人环境

只有改善和提高教学条件，教学活动才有可能有效展开。2011 年 6 月以来，富宁县抓住国家实施中小学校舍安全工程和农村义务教育薄弱学校改造计划的契机，加大对山瑶集聚的乡镇中心学校校舍建设力度。截至 2013 年，全县投入资金 8796 万元建设新华中心学校、归朝镇民族中心学校、洞波中心学校、县职业中学共 4 所学校校舍及附属工程，新建校舍建筑面积 47303 平方米；投入 353 万元购置部分仪器设备。扩建县职业中学总建筑面积 12330 平方米，其中教学楼 4330 平方米，学生宿舍楼 8000 平方米；扩建乡镇中小学校舍 28688 平方米，其中归朝

剥隘镇中心学校

6360 平方米，新华 15911 平方米，洞波 6417 平方米，满足了山瑶群众的学习教育需要。通过山瑶教育扶持发展项目的实施，带来了良好的社会效益。

（三）以奖促学，调动学习积极性

由于山瑶群众长期处于贫困状态中，导致入学率低，没有养成读书上学的风气，富宁县在对山瑶地区发展教育上，贯彻落实义务教育，改善办学条件，创造良好的育人环境，同时通过奖励的方式奖励入学，这样可以减轻贫困群众的经济负担，这实质上也是一种扶贫的方式，同时可以调动学习的积极性。

《富宁县瑶族支系山瑶扶持发展十大措施》中对教育发展做出了详细的规定，其中涉如何调动山瑶群众接受教育的积极性。例如，第 8 条规定："山瑶子女在义务教育阶段全部享受'两免一补'政策，到集中安置点居住农户的子女就读小学的每人每月补助 20 元生活费、就读初中的每人每月补助 30 元生活费。"第 9 条规定："就读高中阶段的山瑶子女，享受该校贫困生资助政策，每人每月补助 50 元的生活费；就读职高的，每人每月补助 150 元。"第 10 条规定："就读大学阶段的山瑶子女，入学时每人一次性补助 3000 元。到集中安置点居住农户的子女，就读大学本科的每人每年补助 2000 元，就读大学专科的每人每年补助 1500 元，直至大学毕业；同等条件下，优先安排山瑶应届大中专毕业生就业。"

通过一系列扶持措施，山瑶学生素质有了明显的提高。例如，山瑶学生陆福志在 2011 年高考中摘得理科桂冠并被南京大学录取；2011 年谭富友、韦妹莲参加国家美术作品比赛荣获特等奖；同年黄云飞和袁小琼参加省级书法比赛荣获金奖。在山瑶地区，已经逐步解决"学得好"的问题，有效地调动了山瑶适龄儿童、适龄少年入学的积极性。

（四）配置优秀师资力量

为山瑶教育配置相应的教师，是实现山瑶教育发展的基本保证。富宁县选派工作责任心强、教育教学经验丰富，会管理、勤工作、善钻研的骨干教师担任山瑶班的班主任、课任教师和宿管员，对山瑶地区学校师资配备进行培训扶持。近年来，富宁县公开招聘山瑶教师 5 名，并且在学历专业等方面给予一定的优惠政策，安排到山瑶聚居地学校承担

"双语教学"的任务。

富宁县通过进一步加大教育投入力度，重点抓义务教育阶段学校标准化建设工程，加快发展高中阶段教育，巩固9年义务教育成果，基本普及学前教育，完善贫困家庭学生资助体系，办好少数民族、特殊教育学校或班级，对生存环境恶劣、农业产业发展乏力、农村基础设施建设投入巨大、农户居住比较分散的村庄，采取特殊的教育优惠政策措施，使教育公共资源向农村、向贫困群体和特困少数民族倾斜，实现农村学生与城镇学生同等教育。知识改变命运，对山瑶群众的基础教育的落实，其意义深远，为山瑶的长远发展提供了智力保障。现实山瑶贫困成因之一是教育的缺失，而对山瑶孩子的教育，为山瑶群众提供的智力支持，从现实的调查中可见，山瑶孩子对现实的扶贫认同度较高，在县城上学的孩子已经接受和习惯了城里的生活方式。

通过以不断改善条件、健全教育实施的素质工程建设，不论是对山瑶的教育，还是对整个富宁县的教育都产生了巨大的影响，带来了深远的社会意义。

一是将极大提高山瑶子女的受教育水平，提高山瑶整体素质，促进山瑶群众改变落后观念，提高送子女入学的积极性，到"十二五"末，山瑶儿童、适龄少年入学率将分别达到100%和95%以上。通过办教育，从根本上解决山瑶群众落后的思想观念和原始的生活方式，树立自信、自强、自立的生存和发展观念，使山瑶逐步摆脱贫困，走向富裕。

二是极大改善办学条件，消除校舍安全隐患，提高办学效益，使新华镇中心学校等4所学校，共12000余名学生受益，其中受益山瑶学生达1400余人，为集中规模办学，推进教育公平，办人民满意的教育奠定好物质基础。

三是项目的实施不仅可以解决山瑶学生上学难的问题，同时也可以满足其他民族学生入学需求，让各民族在山瑶扶持发展项目建设中共同受益，共享优质教育资源，实现边疆各民族相互学习，相互促进，共同发展，共同繁荣的目标。

四是项目的实施不仅能够带动地方的经济发展，促进区域协调发展，而且树立了良好的国门教育形象，为边疆老区经济社会发展和边疆安宁打下坚实的基础。

二 发展职业教育

技能的缺乏导致了生计的困难，限制了山瑶群众的收入，要让山瑶在经过扶贫之后，能够培养起自我发展的能力，实现独立自主的发展，需要进行职业技能的培训。通过技能训练，养成一技之长，提高自主创业的能力，同时，通过开发县域内的就业岗位和组织劳务输出，为山瑶群众提供就业岗位，增加收入。

林产职工宿舍

西奥多·舒尔茨的人力资本理论认为，不仅要对人力资源进行正规的教育，同时，更要注重职业培训。[①] 实践证明，外出务工是农民增加收入的重要渠道，有助于积累农村发展资金。但是，随着社会的发展和行业结构的调整等，对农民工的要求程度越来越高，缺乏技术而单靠体力的农民工无法再继续适应用人单位的要求。这就要求以掌握一定熟练的基本技能的相应培训，而这个培训恰恰是在劳动力输出之前所要做的事情。有学者对改革开放 30 年以来中国的农民工培训做出了梳理，认为其经历了 3 个阶段，即被忽视阶段（1978—2002 年）、重视阶段（2003—2007 年）、紧迫阶段（2008—2010 年），并且认为面对着目前最紧迫的问题——在于周期性失业与结构性失业的双重压力，要采取确立培训市场主体，逐步形成国民职业技能培训体系；加大政府监管力度，保障农民工培训市场有效运行；明确利益相关方的社会责任，建立

---

① ［美］西奥多·舒尔茨：《论人力资本投资》，北京经济学院出版社 1990 年版，第 8 页。

职业技能培训多元化投入机制等。① 同时，《中国农村扶贫开发纲要（2011—2020 年）》专项扶贫方式中提出以就业促进贫困地区的经济发展，要完善雨露计划，以促进扶贫对象稳定就业为核心，对农村贫困家庭未继续升学的应届初、高中毕业生参加劳动预备制培训，给予一定的生活费补贴；对农村贫困家庭新成长劳动力接受中等职业教育给予生活费、交通费等特殊补贴；对农村贫困劳动力开展实用技术培训，加大对农村贫困残疾人就业的扶持力度。在对山瑶群众进行发展教育智力扶贫中，富宁县既立足于长远，又重视现实。从长远的角度看，实现所有山瑶群众知识技能的提高是山瑶群众最终独立发展能力培养的需要；而从现实的角度看，对成年人进行技能培训是解决山瑶群众贫困问题的迫切需要。所以，在山瑶地区发展义务教育的同时，还要发展职业技能培训，力求各个年龄段的山瑶群众都能够接受教育。

由于受自然环境与历史原因的影响，山瑶群众存在人口素质偏低、思想观念陈旧、自我发展能力弱的问题，至今仍然处于绝对贫困的状态。因此，紧紧抓住国家扶持山瑶发展的历史机遇，大力实施山瑶农村劳动力实用技术培训和创业培训，对增强山瑶群众自我发展能力，实现加快山瑶群众发展具有十分重要的意义，这是事关富宁县经济、社会协调，可持续发展，以及如何实现民族团结和边疆稳定的大局。

富宁县通过技能培训既能够实现为山瑶群众增加收入创造条件，又能够实现山瑶群众就业，提高就业率。在对山瑶群众的技能培训教育中，通过借助当地现有的资源，采取集中培训学习，在学习培训结束之后，实现独立自主的创业和劳务输出。有学者针对中西方的移民提出这样的命题，认为"受教育程度越高——人力资本越高——职业价值越高——经济收入越高——越容易适应城市"②。那么，如何让进城部分的山瑶群众能够适应城市生活，这就需要进行教育。根据富宁县政府《关于印发富宁县瑶族山瑶支系扶持发展工作实施方案的通知》和《关于加快推进扶贫开发和山瑶扶持发展工作的意见》，扎实抓好瑶族山瑶支系扶持发展工作，进一步提高山瑶群众劳动技能，增强山瑶群众自我

---

① 盛立强：《农民工职业技能培训中的问题与对策研究》，《深圳大学学报》2010 年第 3 期。

② 朱力：《中外移民社会适应的差异性与共同性》，《南京社会科学》2010 年第 10 期。

发展能力，切实改善山瑶群众生产生活状况，加快推进山瑶群众脱贫致富步伐，农业局把瑶族山瑶支系劳动力职业技能培训和转移输出作为扶持山瑶发展的重要内容来抓，通过几年来的培训和转移输出，取得了良好的成效。

为了切实提高山瑶群众的整体文化素质，富宁县积极探索扶持新模式，采取与文山农业学校联合举办学历教育下乡模式，整合资源、培养新型农村技术人才，全面提高山瑶群众的文化素质。培训班教学内容结合当地的实际情况，主要围绕家畜饲养、兽医知识、果树栽培等多项农村适用技术开设专业课程。学员通过3年集中、系统的学习后，经考试合格的，将领取由省教育厅颁发的国家承认的中专学历证书。

对纳入小城镇建设中的培训，一是搬迁进入县城的群众。加强劳动力转移就业培训，认真组织实施"百万农民工培训工程"，努力培育懂技术、会管理、善经营的新型农民，培训时间原则上不少于30天，培训人员必须取得国家初级职业证书。通过就业培训，使安置点的从业人员能够掌握1门以上的实用技术，为在县城或县外打工创造良好的条件，依靠外出打工和自己经营门面来增加收入。二是搬迁入乡镇集镇的群众。通过劳动力就业培训，将具备条件的从业人员安排到归朝工业园区内的富民糖厂、茶油加工厂等企业就业，其他从业人员通过创办养殖小区，利用种植蔬菜和养殖业增加收入，逐步脱贫致富。

强化培训，实现山瑶群众素质就业，确立了"面向市场、定向培训、突出技能、长短结合"的培训模式，结合山瑶居住的环境和特点，开展了有针对性的培训。两年来，全县共举办农艺、电焊、维修电工、中式烹饪等山瑶职业技能培训班15期，共910人，培训后考核鉴定率95％。通过培训，使山瑶群众逐步由劳力输出型向技能输出型转变，由数量规模输出型向质量效益输出型转变。

通过举办学历教育培训，学员毕业后，至少掌握1门致富技术。一方面可以改变山瑶群众无技术、缺文化的落后面貌，拓宽山瑶群众增收的门路；另一方面可以提高山瑶群众的整体文化素质，改变山瑶群众的生产生活方式，缩小与其他兄弟民族的差距，为下一步山瑶扶持发展工作奠定坚实的基础。

三　以发展产业为目的的科技培训

经济发展的缓慢是农村贫困的主要原因，而在现阶段要改变农村经济发展缓慢、提高农民生活水平的主要方式，不能再依靠传统的方式。在中国特色新型工业化、信息化、城镇化、农业现代化"四化同步"发展的背景下，要实现农业的现代化，只能通过发展农业产业化，发展农业产业化是实现农村现代化的必由之路，也是保障全面建成小康社会的强有力支柱。在新时期贫困群众的脱贫致富阶段，有针对地结合实际发展农业产业，显得更加重要。在发展产业增加经济收入的同时，对农民进行技术培训、提供信息，实现经济和农民的全面发展。

农业产业化的建立需要内在的农民自身的文化素质和外在的制度等方面的保障。从农民的自身看，农民是否有具备进行农业产业化的可能，自身的文化素质、技能、观念等是否能为产业化提供支撑。从农业的发展程度上看，农村是否拥有完善的基础设施以满足产业化的需要。而从外在的条件看，当地的政府部门能否为产业化的实现提供制度保障、政策和资金支持、政府在产业化过程中的角色如何定位等。如果以此来衡量和考察农业产业化的实现可能，那么现实的山瑶社会中不具备实现的可能性。从山瑶群众的自身来看，自身的文化素质低是制约山瑶发展的主观因素之一，受教育程度低决定了思想观念的固守和技能的缺乏，加上农村环境的恶劣，制约和束缚了农业产业化的发展。

富宁县在发展农业产业化、实现山瑶地区经济收入的同时，还必须进行科学技术培训，只有通过强化科技培训，提高科技含量，才能保证产业化的顺利发展。在对山瑶群众的扶贫中，由富宁县科技局牵头，联合各相关部门组成科技培训工作组，深入各乡镇的山瑶村寨，就甘蔗、油茶、马铃薯、养猪、养羊等多方面的相关知识组织开展科技培训，通过开展科技培训，力争每户每位山瑶群众能掌握1—2门以上农村适用技术。

理清思路，明确方向，是推进山瑶扶持发展工作的关键所在。山瑶群众聚居地区的生态环境极差、产业发展可持续能力非常低，基本不具备生存的条件。要改变这一现状，首先就是理清思路、明确方向，从改善生产生活条件、改变自我发展能力和素质现状着手，在深入调查研究的基础上，富宁县提出并实施了"搬家、种树、办教育"的思路，确定了"把搬家作为有效途径、种树作为重要举措、办教育作为核心"这一方向，针对山瑶群众"三代人"的问题实施"三大工程"这一核心。通过搬家改善群众生产生活条件，让山瑶群众告别世代所居极差的环境，有一个舒心舒适的居住环境；实施产业与生态并举，种树发展产业，增加群众收入、提高自我发展能力，促进经济社会可持续发展；实施三大工程办教育，从根本上激发山瑶群众自我发展潜力，从"输血"式扶贫向"造血"式扶贫转变，从向党和政府帮助发展、要我发展向我能改变自己命运、我能脱贫致富奔小康转变。

在对山瑶的扶贫中，在党和国家的关心和支持下，当地政府部门结合山瑶群众的底子薄、绝对贫困、人文素质低和自然环境的恶化等实际情况，走出了一条以搬家、种树、办教育为核心的扶贫发展道路，以国家的城镇化建设为契机，在搬家的过程中实现了山瑶的城镇化和现代化，在这个过程中，又实现和促进了富宁县城镇化的发展；以生态文明和美丽中国建设为背景，通过种植经济作物实现了保护生态环境、贯彻和落实科学发展观，走可持续发展的道路，实现了贫困群众的经济收益，满足了贫困群众脱贫致富的需要；以提高和巩固困难群众的人文素质，实现人的全面发展为出发点，通过开展基础教育和职业教育培训，提高山瑶群众的知识技能和改变思想观念，在实现了经济效益的同时，又保障了人力资源的素质。

第四章

统 筹 规 划

扶贫开发是一项系统性很强的工程，各项扶贫政策间的互补性、协调性与配套性所产生的扶贫合力能够促使扶贫效益实现最大化。[①] 农村社会是一个系统的社会，特别是对一个积贫积弱的少数民族聚集的地区进行扶贫，更是要从系统的角度出发，全面进行，某个方面的滞后都有可能影响扶贫工程的进度，甚至导致扶贫工程功亏一篑。在对山瑶的扶贫发展中，当地政府通过发展产业以促进经济发展，实现农民的创收，发展基础设施促进民生发展的保障，整合各个部门的力量形成扶贫的推力以及借助社会资源、丰富融资渠道等方式推进扶贫项目的实施。搬家、种树、办教育是对山瑶扶贫发展的思路，富宁县积极与西部大开发、桥头堡建设、全面建成小康社会等国家的发展战略互相结合，力求实现山瑶群众的发展与全国的发展同步；通过整合资源形成合力、注重资金投入形成助推力、社会救助等措施的完善，以系统的决策和实施，确保扶贫工作取得实效；通过发展产业工程、基础设施工程、安居温饱工程、素质提高工程、就业工程、民生工程"六大工程"，改变山瑶的贫困落后面貌。

第一节　与国家发展战略有机结合

为了实现全面发展和共同富裕的需要，国家相继出台并实施了不同阶段的开发战略，如西部大开发、国家在云南省的桥头堡战略、新农村建设、2020 年全面建成小康社会等，这些战略的实施和推进，给贫困地区群众带来了机遇。在新时期，对贫困群众的扶贫，不能以封闭的形

---

① 王贤斌：《中国农村扶贫开发面临的新形势与机制探讨》，《农业现代化研究》2013 年第 4 期。

式进行，需要同国家的整个发展战略有机结合，在此过程中既实现对贫困群众的扶贫，同时又实现整个国家的发展目标。在富宁县对山瑶群众的扶贫发展中，把国家的新农村建设、美丽中国建设、全面建成小康社会等战略结合起来，与国家发展战略具有统一性和同步性，加快了山瑶群众脱贫致富、独立自主发展的步伐。

一　西部大开发

党中央、国务院高度重视革命老区、民族地区的建设，不断加大资金投入。从 2005 年起，中央连续出台 4 个 1 号文件，制定了一系列支农惠农政策措施。党的十七大就明确指出，国家将加大对民族地区、边疆地区、贫困地区和革命老区发展的扶持。国家"十一五"规划纲要明确指出，要加大财政转移支付力度和财政性投入力度，支持革命老区和民族地区加快发展，这为富宁山瑶村寨的扶贫开发建设指明了方向，提供了政策导向。

1999 年 9 月，中共十五届四中全会通过的《中共中央关于国有企业改革和发展若干重大问题的决定》，明确提出国家要实施西部大开发战略。时至今日，西部大开发战略已经实施了 14 年的时间，在西部大开发的战略中，文山州紧紧把握住了这个机会，对山瑶实施了扶贫攻坚战略。从第十个五年计划以来，富宁县十分重视山瑶地区的扶持发展工作，制定出台了一系列扶持发展政策。在山瑶村寨启动了以沼气池、小水窖、茅草房改造为主的扶贫 3 项工程建设大会战，以及整村推进、易地搬迁、通路、通水、架电等扶贫项目，山瑶群众的生产生活条件有了一定的改善。

从 2000 年至 2009 年，文山州各级党委、政府高度重视特殊贫困群体的扶持发展工作，在项目和资金等方面对山瑶群众给予了重点倾斜，据统计，2000 年至 2009 年累计投入富宁县扶贫资金 2.74 亿元，人均投入 751 元。其中，向山瑶地区投入资金 7433.427 万元，占总投入资金的 27.13%，人均投入 8818 元，比全县人均 751 元多 8067 元。主要实施了安居工程、易地安置、整村推进等一系列扶贫开发项目；将 93 个分散的村组整合为 54 个项目点组织实施，其中 20 个项目村已经实施整村推进，覆盖 728 户 3236 人；17 个村已经实施易地扶贫，就地就近迁建 421 户 1939 人。但是，由于历史和自然原因，山瑶群众的贫困面仍然很大，贫困程度仍然很深，生活仍然十分艰难。

在西部大开发推进下，为什么山瑶群众没有完全脱离贫困呢？其主要的原因是瑶族支系山瑶群众的贫困不是一般意义上的区域性民族贫困，而是一个特殊地理单元中条件型贫困和素质型贫困交织在一起的综合型民族整体性贫困。另一方面的原因是瑶族支系山瑶村寨由于劳动者素质低，缺乏必备的生产技能，耕作方式落后，科技含量低，造成了山瑶群众的温饱问题长期得不到解决。山瑶群众的贫困面之广、贫困程度之深实属罕见。有的农户虽然短期内脱了贫，但是由于基础差、底子薄，客观制约因素多，造成了返贫现象较为突出，脱贫难度相当大。总之，主客观的原因造成了山瑶的内生动力不足。有学者认为，贫困农户内生动力不足指的是农户缺乏发展生产、脱贫致富的自主性和积极性。其主要表现是等靠政府的资助，对发展生产动力不足；习惯于传统农业生产，对农业结构调整动力不足；习惯于做短工苦工，对技能培训动力不足。贫困农户内生动力不足导致扶贫开发难以达到预期的效果，降低了产业化扶贫的效率，助长了扶贫开发中重建设公益设施、轻产业化项目的倾向，影响了扶贫开发整体目标的实现。[1] 内生动力不足导致长期脱不了贫，在山瑶群众中较为明显地体现出来。诸如山瑶群众中存在着等靠政府救济的思想，现阶段有一部分群众等待每个月从政府领取低保；在有限的土地上从事单一的农作物种植，以养家糊口；而基础设施薄弱、产业滞后、技能素质较低和传统习俗也在很大程度上制约了山瑶的发展。

从西部大开发开始实施至今，虽然山瑶社会改变并不大，没有从根本上改变山瑶群众的贫穷落后，但是从对山瑶群众扶贫发展的长远意义上看，为其发展创造了良好的外部环境。同时，随着中国—东盟自由贸易区建设、"泛珠三角"区域经济合作进程的加快，云南省委、省政府决定继续实施新 3 年"兴边富民工程"和加快全省"通道经济"建设，为富宁山瑶村寨发挥通边达海的区位优势、承接沿海发达地区的产业转移、扩大对内对外开放和推动经济社会又好又快发展提供了前所未有的

---

① 徐志明：《中国贫困农户产生的原因与产业化扶贫机制的建立》，《农业现代化研究》2008 年第 6 期。

发展机遇，有助于带动山瑶群众的发展。

2010 年开始启动的新十年国家西部大开发战略给对山瑶的扶贫带来了新的机遇，从 2010 年至 2020 年，国家将把深入实施西部大开发战略作为经济社会发展的重大任务，确定其在全国诸多区域发展战略中的优先地位，国家将进一步完善扶贫政策，加大资金投入，体现项目倾斜，不断加大对边疆民族贫困地区发展的扶持力度，加大支持国际大通道和边境经济合作区建设力度，加强西部地区基础设施和生态环境建设，实施兴边富民行动计划，加快革命老区建设，扶持特色优势产业发展，为富宁县对山瑶群众的扶贫争取项目支持、扩大投资规模和经济社会平稳较快增长提供了大的政策环境。所以，富宁县紧紧围绕新一轮的西部大开发战略，结合当地的实际，通过加强山瑶群众生活地区的基础设施建设，改善生态、发展特色经济等，实现山瑶社会的全面发展。

二　云南省桥头堡建设

从地缘上看，云南省具有得天独厚的优势。地处中国西部的云南省，拥有 4060 千米的国界线，与缅甸、老挝、越南接壤，加快和建设云南省对外开放的步伐，有助于实现中国的全面对外开放，同时又有助于改善和提高边疆少数民族的民生。

富宁县在云南省桥头堡建设中的区位优势

2011 年，国务院出台了《国务院关于支持云南省加快建设面向西南开放重要桥头堡的意见》，为云南省的发展提供了前所未有的良机。在这个背景下，贯彻落实好国家支持云南省桥头堡建设的意见有助于实现云南省经济社会的全面发展，有利于贫困少数民族迅速摆脱贫困。同时国家支持云南省的桥头堡建设也包含了对贫困少数民族的扶贫发展计划，有助于贫困群众加快脱贫致富步伐，建设稳定繁荣边疆，推动边疆和贫困地区发展，促进各民族共同繁荣。《国务院关于支持云南省加快建设面向西南开放重要桥头堡的意见》提出，要采取更加有力的措施，以加快少数民族和民族地区发展，继续实施扶持人口较少民族发展规划，加大支持力度，改善人口较少民族和特困民族地区群众生产生活条件，巩固莽人、克木人脱贫成果，重点推进独龙族、傈僳族、拉祜族、佤族、景颇族及瑶族支系山瑶等特困群体发展步伐。将少数民族教育放到突出重要位置，采取特殊政策，加强少数民族人才培养，加大少数民族干部培养和选拔力度。国务院把对瑶族支系山瑶的扶贫发展直接写入了《国务院关于支持云南省加快建设面向西南开放重要桥头堡的意见》，明确提出加大支持力度，在财税政策、金融政策、投资与产业政策、土地政策、价格和生态补偿政策、人才政策、体制机制改革等方面给予支持。

《国务院关于支持云南省加快建设面向西南开放重要桥头堡的意见》所提出的目标和要取得的成绩，也就是现阶段对山瑶群众扶贫发展所要达到的目标和所要取得的成绩。所以，要把对山瑶的扶贫发展和桥头堡建设紧密结合起来，最终相得益彰，既实现了对山瑶群众的扶贫，帮助山瑶群众彻底摆脱贫困、实现自我发展的目的，同时也实现和达到了国家支持云南省桥头堡建设的战略目标。把对山瑶群众的扶贫与国家对云南省的桥头堡建设结合起来，在对山瑶群众扶贫发展中具有以下几个重要的意义。

第一，改善民生，实现山瑶社会的现代化。山瑶群众的贫穷落后，体现在民生的困苦，山瑶地区的经济收入低微、基础设施建设滞后、住房陈旧与危坏等方面。《意见》提出，要实现云南省公共服务能力进一步增强，城乡居民收入显著提高，贫困人口数量大幅减少，丧失生存条件地区的贫困人口实施易地搬迁工程，加大兴地睦边农田整治重大工程，实施基本口粮田、小型农田水利等工程建设，大力推广良种技术等工程的实施，有助于全面改善民生。在此背景下对山瑶群众的扶贫，通过异地搬迁，民生得到了改善。

第二，提升素质教育，实现山瑶群众发展的人才需要。《意见》提出，边远地区中小学逐步实现相对集中办学。加快普及学前教育，加大对农村寄宿制学校建设的支持力度，实施农村对义务教育阶段薄弱学校的改造计划。逐步提高农村中小学家庭经济困难寄宿生生活补助标准，改善农村教师工作生活条件，加大少数民族人才培养力度，有助于实现和提高山瑶群众的文化素质和现代化技能的掌握与应用能力。

前文述及，导致山瑶群众贫困的主观因素是人口素质低，限制了山瑶群众的主观能动性和创造性，而要实现山瑶群众从根本上彻底摆脱贫困则需要发展教育，破除主观存在的有悖于其走向现代化的落后思想和习俗，培养出具有现代化意识的山瑶群众。

第三，改善环境，构筑美丽中国的山瑶地区新篇章。外在自然环境的恶劣是导致和决定山瑶群众贫困的客观因素之一，自然环境的恶劣，不能为山瑶群众的生产和生活提供良好的环境，瑶山上的植被稀少、石漠化严重，导致水土流失惨重，本已有限的耕地已经接近完全散失，山瑶群众的生产和生活面临着严重的危机。国家云南省桥头堡建设的一个重要内容即改善环境，通过加大对环境的保护力度，高原湖泊、重点流域水质恶化和水土流失加剧趋势将得到遏制，石漠化治理将取得明显成效，森林覆盖率达到50%以上。而对山瑶地区而言，则是有助于进行石漠化治理，提高森林的覆盖率，改善当地的生态环境。

所以，在对山瑶群众的扶贫中，必须把扶贫项目的制定、实施与自然环境的保护结合起来，对当地的环境承受能力进行评估，以及扶贫后所取得的生态效益进行估量，做出有效的措施，切实保护环境。对于山瑶地区而言，这就需要加强石漠化治理、退耕还林、加大对水土流失的治理力度，通过异地搬迁、发展经济林木等方式，为当地的自然环境提供一个休养生息的机会，从而从根本上恢复生态的循环系统和再生能力。美丽中国建设的内容之一，就是保护好生态环境，在扶贫工作中，其最大的指导意义在于，在生态得到保护的基础上，既实现了脱贫，又有助于在脱贫基础上实现可持续发展。

第四，形成一批支柱产业，为实现山瑶群众的持续发展奠定基础。《意见》提出，在农业产业发展方面，要做大做强特色农业。建设优势特色农产品生产加工基地和流通中心，重点建设以橡胶、咖啡、中药材等为特色的工业原料基地，提高蔬菜、茶叶、花卉等特色园艺产品基地建设水平。

山瑶群众的经济收入不能实现资金积累的主要原因就是没有建立起能够为当地经济发展、农民收入提升的农业产业。所以，在桥头堡建设的背景之下，帮助山瑶群众寻找出有利于当地经济发展的农业产业，为农业产业化开创良好的市场，提供完善的政策支持。把发展绿色产业作为突破口，形成规模，充分利用"走出去"战略，把对山瑶群众的产业发展融入桥头堡建设的战略中，最终为山瑶群众彻底摆脱贫困打牢农业产业基础。所以，在对山瑶群众的扶贫中，发展农业特色产业有助于实现和构筑起稳定的收入渠道。

三 2020 年全面建成小康社会

党的十七大提出了 2020 年基本消除绝对贫困。在十七大以来取得成绩的基础上，中国共产党第十八次全国代表大会上提出，到 2020 年中国要全面建成小康社会。全面建成小康社会和实现中华民族伟大复兴是中国共产党矢志不移的追求，从中国共产党诞生之日开始，到轰轰烈烈的为实现民族独立、人民解放的新民主主义时期和社会主义建设时期，始终把实现中华民族的复兴作为历史使命，并在新中国成立以来，特别是改革开放以来取得了巨大的历史性成就，这为 2020 年全面建成小康社会打下了坚实的基础。

党的十八大报告提出，综观国际国内大势，中国发展仍然处于可以大有作为的重要战略机遇期。我们要准确判断重要战略机遇期内涵和条件的变化，全面把握机遇，沉着应对挑战，赢得主动，赢得优势，赢得未来，确保到 2020 年实现全面建成小康社会的宏伟目标。全面建成小康社会的提出对山瑶社会的发展是一个千载难逢的机会，山瑶群众有望彻底摆脱贫困，和全国各族人民一道步入小康社会。但是，从山瑶社会的实际看，这是一个非常艰巨的挑战。

2011 年中央扶贫工作会议上指出，"扎扎实实做好扶贫开发各项工作，确保到 2020 年全国实现全面建设小康社会目标"。① 实现全民族共同发展、共同富裕是整个中华民族的共同期望。根据全面建成小康社会

---

① 《中央扶贫开发工作在北京召开》，《光明日报》2011 年 11 月 30 日。

要求中的经济发展、社会和谐、生活质量、民主法制、文化教育和资源环境等6大类23项指标监测结果表明，富宁县2012年全面建成小康社会的实现程度为64.48%，从监测指标分析的结果来看，经济发展、文化产业和社会和谐监测指标实现程度最低。[①]而从山瑶的状况看，比全县的平均水平还要低得多。因此，要紧紧抓住扶贫开发工程，在这个平台上实现山瑶地区的经济发展、社会和谐、提高生活质量、健全民主法治、发展文化教育和提高资源环境的保护，与全国同步建成小康社会。把对山瑶群众的扶贫开发项目与全县的发展战略结合起来。对山瑶群众的扶贫，把产业发展、经济增长、脱贫致富与富宁县的发展融合起来，做到以富宁县的发展战略带动山瑶群众的扶贫，减少在扶贫中存在的困难和遇到的阻力。

实现中华民族伟大复兴是近代以来中华民族不懈的追求和努力，2020年全国全面建成小康社会是几代中国人梦寐以求的。如何实现山瑶群众与全国共同建成小康社会，这是摆在山瑶群众和当地政府部门面前亟须解决的首要问题，如果不通过扶贫工作，山瑶群众不可能建成小康社会。按照《云南富宁瑶族支系山瑶群众聚居区扶贫开发综合治理试点总体规划》，到2015年扶持发展工作结束，今后山瑶群众集聚区的扶贫工作实行常规扶持，并且结合富宁县精准扶贫调查，针对返贫的山瑶农户实行"一对一"帮扶，帮助群众早日脱贫，早日享受改革开放的成果。

通过近5年的扶贫，虽然目前小康社会的实现程度还较低，但是为2020年建成小康社会打牢了坚实的基础。山瑶地区的产业得到培植和发展，这为群众提供了持续的经济收入，基础教育和技能培训教育为山瑶群众提供了智力支持和独立自主发展的能力。

第二节　整合资源形成合力

农村问题是一个系统问题，对农村的发展必须以系统的角度，特别是像山瑶地区，属于绝对贫困的地区，只有通过整合各种资源和力量，

---

① 富宁县统计局：《富宁县2010年国民经济和社会发展统计公报》，2011年3月。

才可能从根本上解决贫困。现阶段的扶贫，特别是对还处于绝对贫困地区的扶贫，更需要整合各种资源和力量，从而形成强大的扶贫动力。

从当地的扶贫来看，通过成立山瑶工作组，制定相应的管理办法等，整合了当地的各个部门，诸如教育、林业、交通、民宗、民政、医疗卫生等部门，调动山瑶群众的参与，注重资金的投入，形成原始的助推力。从扶贫工程的各个侧面进行，同时又相互协调以推进扶贫工作的整体进行，这有利于当地的整体发展。从对山瑶群众的扶贫开发项目和具体的实践过程中可以看出，富宁县通过走一条系统的发展道路，把涉及山瑶地区的每一个社会内容均纳入扶贫工作之中。通过实地调查，找准制约山瑶地区发展的因素和困难，制定出符合当地实际的发展目标和发展模式，调动组织多方面的资源、整合力量形成发展的合力，在促进扶贫发展的同时走可持续发展的道路，注重对山瑶群众的文化素质和现代人文素质的培养，培育和提升自我发展的能力，让其最终走上独立自主的发展道路。

一　整合各个部门力量

富宁县在对山瑶群众的扶贫中，按照"统筹政策，聚集要素，存量调整，增量倾斜"的要求，坚持"整合资金、捆绑使用、统一规划、统筹安排、统一实施、各司其职、各负其责、渠道不乱、用途不变、互相配套、形成合力"的原则，通过事前编报项目计划，重点整合财政、扶贫、农业、林业、畜牧、交通、水务、教育、卫生、科技等行业的发展资金和扶贫挂钩、上海帮扶、社会、企业捐赠资金，集中投入使用，最大限度地提高扶贫资金的综合效益。

在山瑶群众扶贫发展中，确定了各个职能部门的任务，明确职责，加强协作。各级各部门按照项目规划，明确职责，密切配合，全力实施好富宁县山瑶村寨扶贫开发项目。扶贫部门负责综合协调、建设指导、实施督促、项目检查、考核验收及办公室的日常工作，突出抓好整村推进、易地搬迁、村容村貌整治等工程。组织部门负责山瑶村寨扶贫开发项目建设工作队员的抽调、组建、管理和考核。宣传部门负责山瑶村寨精神文明建设项目的指导和宣传报道工作。财政部门负责扶贫资金的使用和管理，实行回补报账制，做到统筹安排，专户储存，专款专用，减少资金运行环节。审计部门定期对扶贫资金进行全面严格的审计，对挤占、挪用和贪污扶贫资金等违法、违纪行为，要严肃处理，绝不姑息迁就。政法部门负责山瑶村寨平安村建设的协调指导。团委负责指导基层共青团组织建设。妇联负责指导基层妇联组织建设。发改委部门负责实施通电和石漠化治理工程。水务部门负责山瑶村寨人畜饮水及水利工程项目建设。住房城乡建设部门负责山瑶村寨项目建设项目和民居设计及抗震安居工程。林业部门负责实施山瑶村寨沼气池建设和经济林果发展项目。农业部门负责实施山瑶村寨基本农田地建设、农业产业开发和技术培训及推广项目。交通部门负责实施山瑶村寨通路工程项目。畜牧部门负责实施山瑶村寨畜舍改造和养殖业技术的培训和推广项目。科技部门负责实施山瑶村寨科技活动室设备配置和实用科技培训项目。国土部门负责协调土地流转补偿项目的实施。人力资源和社会保障部门负责实施劳务输出工程。广电部门负责实施山瑶村寨广播电视项目。教育部门负责实施山瑶村寨学校建设和教育扶贫项目。民政部门负责实施民生保障工程。卫生部门负责实施山瑶村寨卫生室建设及卫生室设备配置、村医生的培训和指导工作。文化部门负责实施山瑶村寨业余文化项目。电力部门负责实施山瑶村寨通电和电网完善工程项目。民族工作部门负责实施山瑶村寨民族团结示范村建设和民族宗教项目。

所以，对山瑶的扶贫，调动了富宁县所有的政府部门，各个部门按照自身的角色和职责，在扶贫中按照所规定的任务进行，力求确保对山瑶的扶贫做到全方位。

整合多部门的力量有助于扶贫过程在全方位上得到推进，有助于充分调动资源，形成合力。当然，由于涉及各个部门，在实践中难免会出现部门之间的协调性问题。有的学者针对整合多部门的力量进行扶贫中存在的问题提出了建议，认为多部门参与的扶贫机制是中国扶贫政策中的一大特色，但是它往往会造成项目与资金多方管理、扶贫部门之间难以有效协调或协调力度较弱，以及由此产生的扶贫成本高昂、资源使用效率低下等问题。因此，必须对多部门参与的扶贫机制进行改革和完善。要通过坚持"规划先行、计划严谨、部门沟通"的工作思路；注重研究和制定扶贫规划，增强扶贫规划的科学性、可行性，搭建整合各种扶贫资源及支农资金的基本平台；积极探索扶贫资源及支农资金的整合途径，建立健全项目审批联席会议制度，综合运用规划整合、区域整合和产业整合等方式，有效整合各类扶贫资源及支农资金投入贫困地区，增强扶贫资源、支农资金的投入效果；完善扶贫开发目标责任制，加强扶贫开发的目标管理与绩效考核，把贫困人口的减少程度、扶贫开发的工作力度等情况作为干部选拔任用及考评各部门扶贫开发成效的核心指标和重要依据。[①] 山瑶群众的整体性贫困、各个方面的全面落后决定了需要调动各个部门的力量，所以在对山瑶群众的扶贫中，在整合了富宁县各个政府部门力量资源的基础上，根据实际制定和明确了"搬家、种树、办教育"的思路，各个部门明确分工，各尽其责，又相互联动，建立和健全考核机制和问责机制，做到定时的工作检查和汇报，对存在的问题及时地提出并制定相应的改进措施，确保扶贫工作的有效开展。

二　利用社会资源

先富带动后富、先富帮助后富，最终实现共同富裕。经过改革开放30年的发展和对贫困地区的扶贫治理开发，中国总体上已经建成了小康社会，贫困人口数量已经大幅度减少。与传统的以政府投入为主的扶贫方式相比较，在新时期的扶贫工作中，应该充分利用社会资源，调动社会资源参与到扶贫发展中。通过利用社会资源，有助于为当地政府部门减少财政压力，起到加大扶贫力度的作用，同时更加重要的是其所产生的社会效应，社会资源的利用体现了先富带动后富和帮助后富，是各个民族共同发展、民族团结、互助的精神体现。

新时期的扶贫中，社会各界的力量不断地参与到其中，形成了以政府为主导，企业、民间组织机构（NGO）[②] 广泛参与的局面。据统计，2010 年 NGO 总数已经达 445631 个，比 2009 年增长了 3.4%，其中社会团体 245256 个，民办非企业单位 198175 个，基金会 2200 个。NGO在扶贫方面能够发挥特长，帮助政府完成想做却没有做到的事情，其具

---

①　王贤斌：《中国农村扶贫开发面临的新形势与机制探讨》，《农业现代化研究》2013 年第 4 期。

②　NGO 是 Non—Gvoernmeltia Ograliziato 一词的缩写，国际上常称之为非政府组织，中国官方通常称之为民间组织．

社会帮扶

有灵活性、民间性、志愿性的优势条件，成为政府扶贫不可缺少的合作者。①

按规划，富宁县山瑶群众扶持发展共需要资金4.7亿元，其中县级自筹资金高达1.46亿元，由于富宁是典型的国家重点扶持贫困县，县贫民穷，财政自给率仅为15%，筹集配套资金非常困难。由于历史原因，山瑶群众贫困面大、贫困程度深，对山瑶群众的扶持发展工作是一项长期系统的工程，也是一项民生工程，工作涉及基础设施建设、安居温饱、素质提升、产业扶持、生态改善、民生保障等各方各面，所需投入资金量大，任务重、难度大，凭县级财力是无法完成的。争取上级支持是保障，社会各方参与是助推剂，整合各类资源是推手。富宁县通过广泛宣传、营造氛围，邀请中央和省州媒体深入宣传报道，山瑶群众"4低"、"5难"的生活状况引起了党和国家领导人及省委省政府的高度重视，国家和省级各有关部门在资金、项目上给予了极大的支持，社会各界也广泛关注并且积极参与到扶持大会战中，形成了"领导重视、部门关心、社会支持、群众参与"的浓厚氛围，通过对各类资源和资金实行统一管理、整合使用，确保了项目资金用在刀口、用在最急需地方，为山瑶群众的扶持发展工作提供了强有力的扶持和项目支撑。

在对山瑶群众的扶贫发展中，利用社会资源的途径有一定的体现，

---

① 李国安、郭庆玲：《民间组织参与扶贫的意义、障碍与实践路径》，《人民论坛》2014年第4期。

并且在扶贫中起到了重要的作用。诸如，动员全县干部职工、社会各界、企业纷纷捐款捐物，奉献爱心；上海虹口区等对口帮扶单位，云南黄金集团、中国移动、普阳煤矿等省、州企业情系"山瑶"，给予了无私的援助，在富宁县迅速形成了各级党委、政府领导高度重视、单位部门各负其责、社会各界大力支持、广大群众踊跃参与的浓厚氛围。

在资金的投入上，富宁县通过采取县级财政预算安排一点、部门整合一点、社会捐赠一点、群众自筹一点"4个一点"的方式，解决了山瑶扶持发展资金不足的问题，重点投入住房、饮水、用电、道路、通讯等基础设施建设项目，全力推进山瑶地区基础设施建设。在新阶段的扶贫中，充分利用社会资源，有助于减少压力，增加投入的渠道，营造出互帮互助的共进精神。

三　注重资金投入成推力

在对困难群众的扶贫中，资金投入历来是扶贫工作中不可或缺的措施之一。在中国不同阶段的扶贫中，投入了大量的资金，力求确保扶贫项目的推进。深度贫困决定了资金投入的必要，保证扶贫项目的顺利推进和落到实处，必须对资金投入进行预算，合理科学使用，建立和健全资金的使用和管理机制，避免扶贫资金挪用等现象的发生。

（一）深度贫困以及项目实施决定"输血"的必要

对山瑶群众扶贫工程的整体性、系统性和绝对贫困决定了必须进行大量资金的投入，民生工程、产业、培训等的顺利进行，没有资金的保障不可能实现，以资金的投入为山瑶群众的发展提供最初的推力。资金投入式扶贫攻坚项目中必要和首先的考虑，以大量的资金投入为扶贫发展提供和创造一个必要的平台，以此为契机，实现山瑶群众在该平台上的发展。山瑶群众的贫困，集中体现在经济收入低、社会发展滞后、基础设施薄弱、知识技能掌握程度低等，而要实现扶贫目的，也只有通过采取必要的资金投入，为山瑶群众的发展创造一个良好的环境。

（二）资金投入的预算和使用情况

富宁县根据在实际调查的基础上，对资金的投入量做了初步的预算，预计规划总投资42163.43万元，其中县内易地搬迁投资23919.04万元，小城镇建设安置投资6671.82万元，就地就近扶持发展投资

11572.57 万元，涉及产业发展工程、基础设施工程、安居温饱工程、素质提高工程、生态环境保护与建设工程、民生保障工程等。资金构成上，申请中央和省补助资金 27471.88 万元，上海援助资金 500 万元，自筹资金 14191.55 万元。资金的规划使用上，一是县内易地搬迁安置，规划总投资 23919.04 万元；二是纳入小城镇建设安置，规划总投资 6671.82 万元；三是就地就近扶持发展，规划总投资 11572.57 万元。截至 2013 年，全县已经完成投资 27485.39 万元，完成山瑶扶持 1624 户 7391 人，分别占山瑶群众 1828 户 8429 人的 88.8% 和 87.7%。

（三）资金投入的机制

在资金投入渠道中，富宁县按照"政府统筹主导、市场配置引导、部门广泛参与、社会各界支持"的多元化扶贫投入机制，拓展投入渠道。

第一，通过项目集中整合各部门资金。集中整合通村公路、安全饮水、"一建三改"、廉租住房工程、高产农田、村级组织场所、文化活动室、村级卫生室、中小学危房改造、"村村通"等工程建设项目资金，支持山瑶村寨项目建设。

第二，依托资源引进社会资金。按照互利互惠的原则，吸引更多的民间资本到山瑶地区投资兴业，实行引进业主开发与群众自主开发相结合，大力实施"公司联村开发计划"，引进资金建设林果基地和农副产品加工企业，带动山瑶村寨产业发展。

第三，实行以奖代补带动群众投入。对群众实施村容村貌整治、拆旧宅建新房、建沼气池、建设林果基地、养殖大户等项目给予奖励补助。通过实行分类奖补、差别管理，带动受益群众自筹资金建设项目。用足用活政策，按照一事一议的原则，组织群众投工投劳。

（四）资金的管理

扶贫资金是推动农村经济社会发展的主要组成部分。为确保资金的使用安全，防止资金挪用、他用、贪污等违法乱纪现象的发生，切实强化扶贫资金的管理。[①]

在对山瑶群众扶贫资金的管理上，加强了县级扶贫资金管理的对

_____

① 陈新、郭承玉：《段万兵扶贫资金使用管理存在的问题及对策》，《学习月刊》2014 年第 1 期。

策，从优立项审批资金、从实保障资金投入、从细规范资金管理、从严监督审计问责。在强化山瑶扶持发展资金管理方面主要采取以下措施，确保资金安全。

第一，配强会计人员、强化会计核算。加强对山瑶群众扶持发展专项资金的管理，要求各有关部门、乡镇和用款单位配备业务熟悉、政治素质高的会计人员，严格执行有关规定，管好用活山瑶扶持发展资金，建立健全项目管理制度和财务核算制度。

第二，设立财政专户核算。各项目实施部门、单位及有关乡镇对拨入的财政专项资金设立专账核算，设置专款明细账，避免与其他资金混用，使财政专项资金置于有效的监督之下，保证财政专项资金专款专用。

第三，资金实行报账制管理和专账拨付。财政部门自收到上级财政部门下达的专项资金之日起10日内将扶持资金的第一笔启动金拨付扶贫项目实施单位，对直接用于农村贫困人口的补助费用，按照有关规定一次性拨付；对建设性项目拨付的第一笔项目启动金，其比例最高不能超过投入资金总金额的50%；对扶持资金在20万元以上的项目，按照投入总金额的30%的比例拨付，其余资金按照工程进度，实行县级财政报账回补。项目资金的拨付程序是由项目单位实施完成项目建设后，向县扶贫办和县财政局提出申请，县扶贫办组织财政、相关乡镇、相关单位对项目进行验收，并填写好《扶贫开发项目验收单》，所有参与验收人员全部签字，然后项目单位开具正规发票，凭《扶贫开发项目验收单》《拨款申请表》发票到财政局农业股报账。

第四，强化监督检查。一是县山瑶办负责项目建设进度、工程质量、资金使用等情况的全面检查，督促整改。二是县委县政府督查室将山瑶扶持发展工作纳入重大工作督察事项，对各部门的资金到位情况和项目组织实施情况进行专项督察，对不按要求整合项目资金、完成项目建设任务的领导干部实行问责。三是充分发挥县人大、县政协监督职能作用，及时组织人大代表、政协委员参与监督视察，提出合理化建议。四是各有关职能部门，根据部门职责对山瑶群众扶持项目和资金的实施进行监督检查。

第五，加强财经法规培训。对项目资金管理使用部门及乡镇的分管领导和财会人员遵守财经制度和法规进行培训，使其严格按照财经法规和制度的要求，管理和使用财政专项资金，防患于未然，杜绝挤占挪用资金行为的发生，使有限的资金发挥最大的效益。

第六，建立绩效评价制度。将山瑶群众扶持发展资金纳入绩效评价范围，客观评价建设项目的效益情况。执行项目成果后评价制度，对事前、事中和事后工作成果进行跟踪和效益分析。

第七，按照"统筹政策，聚集要素，存量调整，增量倾斜"的要求，坚持"整合资金、捆绑使用、统一规划、统筹安排、统一实施、各司其职、各负其责、渠道不乱、用途不变、互相配套、形成合力"的原则，通过事前编报项目计划，重点整合财政、扶贫、农业、林业、畜牧、交通、水利、教育、卫生、科技等行业的发展资金和挂钩扶贫、上海帮扶、社会、企业捐赠资金，集中投入使用，最大限度地提高扶贫资金的综合效益。

第三节　六大工程

众多原因造成的贫困决定了在扶贫中需要以多角度的视野进行审视。前文述及，造成山瑶群众至今仍然处于绝对贫困的原因有产业基础差、教育滞后、自然环境恶劣、人文素质低等。针对造成山瑶群众贫困的各种原因，在对山瑶群众的扶贫中，富宁县通过发展产业工程、基础设施工程、安居温饱工程、素质提高工程、就业工程、民生工程等"6大工程"，力图改变山瑶群众的贫困落后的整体面貌，实现山瑶的全面发展。

一　产业工程

结合当地实际，发展特色农业产业是现代农村发展中的首选道路，特别是对贫困群众而言，发展特色产业可以带来跨越式发展。《中共中央国务院关于积极发展现代农业扎实推进社会主义新农村建设的若干意见》（2006 年）中提出，建设现代农业，最终要靠有文化、懂技术、会经营的新型农民。扎实推进社会主义新农村建设，是全面落实科学发展观、构建社会主义和谐社会的必然要求，是加快社会主义现代化建设的重大任务。发展产业是现代化农村发展的趋势，农业在为农民创收上已经打破了传统的经营方式，更多的是依靠发展产业，产业化在农村的建立和实现有助于在产业发展中，当地结合实际从政策支持、生态农业、龙头企业、拓宽收入渠道等出发，既为产业发展创造提供了良好的外在环境，又从市场的需要出发保证农民的稳定收入。《中国农村扶贫开发纲要（2011—2020 年）》也提出，扶贫的主要任务之一是发展特色优势产业，到 2015 年力争实现 1 户 1 项增收项目，到 2020 年初步构建特色支柱产业体系，着重强调了产业在农村中发展的意义和作用，特别是在扶贫中，帮助贫困群众发展产业是实现贫困群体早日脱贫的有效途径。

以发展产业解决贫困山瑶群众的经济收入为目的的扶贫中，富宁县在结合本县产业化发展的基础上，制定了《富宁"三强化"，全力扶持"山瑶"发展》等一系列政策，结合各村的实际情况，实行"一村一策、一村一品"的产业发展模式，逐步形成"村有主导产业、农户有增收项目"的产业扶贫格局，确保瑶族支系山瑶村寨群众近期增收有保障，远期增收有潜力，粮食安全有保证。

（一）富宁县农业特色产业总体规划

富宁县在发展产业的规划布局中，围绕"一体两翼"战略，突出工作重点，注重产业支撑，近抓畜牧，远抓林果。围绕农户与市场连接、产业与科技结合，因地制宜采取基地+农户、专业协会+农户、科技人员+农户、能人+农户等多种连动形式，延伸产业链条，扩大产业化经营规模，逐步形成"村有主导产品、农户有增收项目"的产业扶贫格局。以市场为导向，以资源为依托，以科技为支撑，选准产业发展项目，充分调动群众积极性，把发展一村一品的特色产业与构建优势特色产业带紧密结合。

在农业产业化布局方面，富宁县按照"布局合理、产业特色鲜明、产品质量优良、品牌优势突出"的原则，坚持用工业化理念、产业化思路谋划高原特色农业发展，紧贴粮食保障、原料供给、就业增收、生态保护功能，建设农产品生产、农产品加工、农产品物流、种质资源开发、农业技术推广、边境动植物安全屏障"六大基地"的任务，确保主要农产品供给、农产品质量安全、农村民生改善，提升农业综合效益，持续增加农民收入，不断壮大经济实力，努力走出一条具有富宁高原特色的农业现代化道路。

根据"培育壮大特色产业，促进农民增收"的发展要求，结合富宁县交通区位、自然资源和气候特点，按中部片区、北部片区和南部片区相对应的划分为"三带"，即中轴发展带、北部发展带和南部发展带，三个功能片区根据各自资源禀赋特点进行产业规划布局。富宁县在稳定粮食作物种植面积、确保粮食安全的同时，油茶、核桃、八角、热果、茶叶、甘蔗、蔬菜等一批经济作物面积也不断扩大，粮经比由1992年的80∶20调整到2012年的50.3∶49.7，经济作物比重上升29.7个百分点。富宁县重点培育发展了一批有市场竞争力的特色优势产业，农业龙头企业不断发展壮大，农民专业合作组织从无到有，辐射带动产业发展和促进农民增收的能力逐步增强。全县各类农民专业合作社75个，注册资金4370万元，辐射带动农户6000余户。县内有金泰得生物制药公司和永鑫糖业公司2家省级农业产业化重点农业龙头企业，2家企业年销售额均超过亿元；有云南万道香茶业有限公司、云南富嘉林产科技有限公司、富宁壮牛畜牧场3家州级龙头企业，省、州级龙头企业和规模种植、养殖、农产品加工企业及大户，对全县农业产业化发展起到了明显的带动和促进作用，已经成为全县农业经济增长的骨干力量；海南椰风热果加工厂一期工程、大山木业林板一体化、罗非鱼加工厂等农产品加工重点企业顺利推进。据统计，县内各类农业龙头企业分别带动农户是，蔗糖企业带动农户33124户，户均增收6370元；油茶种植加工企业带动农户7740户，户均增收1825.8元；茶叶种植加工企业带动农

油茶基地

畜牧业

户 3400 户，户均增收 1849.3 元。2012 年全县农业龙头企业创建各种特色产业现代高产示范园 513765 亩，带动农户 49080 户，户均增收 4866.6 元。

富宁县产业布局的规划和形成，为富宁县山瑶群众的扶贫创造了良好的外部环境，有利于带动山瑶地区的农业产业化发展。把对山瑶群众的扶贫发展纳入整个富宁县的发展规划和计划之中，做到以富宁县的产业发展带动山瑶群众的扶贫发展，山瑶地区产业的发展又为富宁县的发展提供了长久之活力。

（二）山瑶扶贫中的农业产业

如何为困难人口找到一条具有可行性的、长久的经济发展道路是扶贫工作中首要解决的问题之一。在农业产业化已经成为全国农业发展的主要趋势背景下，如何让贫困人口脱贫并且迅速成为脱贫之后走上致富的道路，只有通过采取结合实际发展农业产业化。

富宁县从地理位置上看，处于国家对云南省桥头堡建设的前沿，从自身的环境上看，适合发展以种植业为主的产业化，富宁县紧紧抓住大力发展油茶、甘蔗、核桃、养猪、养牛等种养殖业为契机，大力实施山瑶群众的产业发展，不断提高山瑶群众的经济收入，促使山瑶群众真正脱贫致富。

在对山瑶群众的扶贫中，富宁县根据不同的实际，采取了发展不同的产业化。富宁县围绕实施 120 万亩油茶和 60 万亩核桃基地建设目标，在山瑶地区规划种植油茶、核桃等经济林果 14266 亩；良种推广 30000 亩。根据安置的不同地点采取不同的发展产业措施，在异地搬迁、纳入小城镇建设和就近就地安置中分别发展不同的产业，加快山瑶群众增收致富步伐。诸如，在异地搬迁规划中，种植油茶、核桃等经济林果 10366 亩；2010 年至 2012 年每年推广大春和冬季农业开发良种良法 6000 亩，3 年共 18000 亩；畜牧业方面养牛 1512 头，养猪 3780 头，养羊 11780 只。

第一，异地搬迁安置中的产业。易地搬迁方面，根据迁入地的实际发展产业，首先是积极发展经济作物。在切实抓好马铃薯、花生、生姜等传统农业生产的基础上，加大对甘蔗的扶持发展力度，依托富民糖厂等龙头企业，进一步提高农产品附加值，增加群众收入；其次是科学种植经济林果，依托富嘉油茶加工厂的产业加工平台，重点发展具有地方特色的油茶、八角、核桃等经济林果，在加快生态建设的同时，拓宽山瑶群众增收渠道。

第二，就近就地安置中的产业。在种植业上，优化"两杂"品种结构，推广杂交玉米正大系列、迪卡007、路单系列、罗单系列；杂交水稻文富7号、宜香系列、泰优系列、岗优系列、两优系列等品种，积极开展高产粮食作物创建，采用宽窄行、单株密植、水稻采用旱育秧稀植、抛秧及分厢等栽培技术，优化配方施肥，加强田间管理，防治病虫害，实行节水灌溉，提高科技含量，提高复种指数，增加粮食产量。在养殖业上，注意品种选择，猪选用长白猪、约克、布络克为父本，良种覆盖面达90%以上；牛选用安格斯、短角牛、海福特、西门塔尔等为父本，要求改良率达80%以上。同时，采取以厩养为主、放养为辅的方式，通过氨化、碱化、青贮等处理，实行科学饲养，科学管理，集中防疫，分散饲养，实现全县山瑶村寨户均年出售1头牛、2头肥猪的饲养目标。

发展合作社

羊圈

第三，石漠化严重地区。通过考察和借鉴其他县市石漠化治理产业发展先进经验，富宁县深入山瑶集聚地区进行实地调查，结合实际，因地制宜制定山瑶石山区的产业发展规划，在洞波乡三湘洞石漠化严重山瑶石山区发展核桃3900亩，特色果树种植示范项目。

在归朝龙旧、旧寨村委会发展任豆树9100亩，在龙门片区发展火龙果500亩；同时积极引导和鼓励山瑶群众参与甘蔗、油茶等产业基地建设，努力拓宽山瑶群众增收渠道；加大山瑶群众技术培训力度，采取职业学校集中办班培训、企业边务工边培训、技术人员进村入户培训等方式，大力开展种植、养殖就业技能培训，进一步拓宽山瑶群众经济收入渠道。

第四，农业示范项目，促进山瑶地区农业增产增收。主要发展特色果树种植示范项目、冬玉米种植示范项目、马铃薯种植示范项目。

特色果树种植示范项目。2010年在洞波乡三湘洞村委会种植特色水果200亩14500棵，其中优质梨树12000棵，优质油桃树2500棵。共投入资金15万元，主要用于种苗、化肥、农药及培训补助。

冬玉米种植示范项目。2010年分别在洞波那达、归朝百油、龙门等山瑶地区实施冬玉米示范样板田540亩，共投入资金99896.4元，主要用于种子、化肥、农药、地膜等农用物资补助。为进一步扩大山瑶地区冬玉米种植面积，增加经济收入起到了很好的示范带动作用。

马铃薯种植示范项目。2011年分别在花甲龙山盘、洞波那达红纳、安者等地区实施冬马铃薯示范样板田370亩，投入资金21.25万元，主要用于马铃薯种子、化肥、农药、地膜等农用物资补助。经田间测产，项目区冬马铃薯平均亩产达1462.8千克，进一步扩宽了山瑶地区群众的增收渠道。

在发展产业中，富宁县积极鼓励和调动山瑶群众参与其中，2012年积极鼓励山瑶群众参与甘蔗、油茶等产业基地建设，努力拓宽山瑶群众增收渠道。投入180万元，在山瑶地区实施坡地改梯地1000亩、集雨补灌2000亩，完善山瑶地区农业基础设施，提高农作物种植单位产量和经济收入。

第五，畜牧业。富宁县根据山瑶的不同分布，在就地扶植和异地搬迁中发展畜牧业，以拓宽和增加山瑶群众的经济收入。富宁县农业局就畜牧业的发展编制了《富宁县瑶族山瑶支系畜牧产业发展规划（2010—2014年）》和《富宁县山瑶地区畜牧业发展扶持方案》。规划建设内容包括扶持1066户山瑶群众新建标准化厩舍13858平方米（户均改厩13平方米）、青贮窖1275立方米（户均1立方米）；新增养殖生猪1510头、山羊2368只，达到正常养殖生猪6375头、山羊6690只、肉牛3366头，年出栏生猪2600头、山羊2650只、肉牛1300头以上；建设标准化饲料地637.5亩（户均0.5亩），新建牛冻改点和猪供精网点各 1 个，组织开展畜牧兽医科技培训 15 期 2500 人。同时，组织实施好相关的畜牧项目工作。

实施富宁县秸秆养畜联户示范项目。在归朝、洞波、那能等乡镇实施秸秆养畜联户示范项目建设结束，项目区 12 户养殖示范户共完成青贮 0.626 万吨，氨化、微贮秸秆 0.182 万吨，新建和改造圈舍 1650 平方米，建运动场 1750 平方米，建青贮池 11200 立方米，购置铡草机等设备 27 台，购置青贮膜 5 吨，购置尿素 70 吨，培训人员 5060 人次，新增肉牛出栏 1421 头、肉羊 803 只，新增产值 904.8 万元，新增利润 233.2 万元；户均新增产值 75.4 万元，户均新增利润 19.4 万元；充分利用本地的农作物秸秆资源，变废为宝，降低饲料投入，节约成本，节省大量的人力、物力和财力，实现规模经营，提高市场竞争能力，为边疆少数民族地区畜牧产业化开发提供了一些积极有益的探索，走开发利用本地资源发展的新路子。

实施标准化生猪生产基地项目。在新华、归朝和洞波 3 个乡镇共扶持 50 户养猪示范户，发展良种母猪养殖规模 200 头，养猪规模达 2500 头。开展科技培训 200 人次。

实施肉牛冻改项目。在新华、归朝、者桑、花甲和那能等山瑶村寨集聚地增设牛冻精改良灌点 5 个，解决山瑶群众养牛配种难和养殖增收难的问题，2011 年以来共完成牛冻改配种 1560 头。

技术培训工作。在洞波、归朝、那能、花甲等山瑶群众村寨积极开展养殖科技巡回培训达 10 期。

（三）政策支持

发展产业，政府必须提供政策上的支持，特别是在对困难群众的扶贫中，发展产业需要考虑资金、技术、市场等综合因素，而对于贫穷的山瑶群众，如果在开始阶段没有政府在政策上的支持和保障，不可能实现发展产业的目的，因为山瑶群众不具备资金、技术等条件。在发展产业中，富宁县对山瑶群众发展产业给予了政策上的支持，加大产业扶持力度。

加大农业产业扶持力度。在执行国家各种农业补贴的基础上，对山瑶群众耕种田地每亩每年无偿供给良种 3 千克、农药费 50 元和尿素、复合肥各 1 包，充分调动山瑶群众种粮的积极性。村劳动力转移就业培

油菜

训按每人补助资金 800 元左右，科技培训按每人补助资金 50 元左右，经济林果种植按每亩补助资金 500 元左右，养牛按每头补助资金 1000 元左右，养猪按每头补助资金 500 元左右，养羊按每只补助资金 300 元左右。

加大畜牧业产业扶持力度。给予发展养殖业贴息优惠政策和奖励政策，鼓励山瑶群众发展畜牧养殖业，每户给予 1 万—5 万元的 5 年期政府贴息贷款。生猪养殖场（户）年出栏商品猪 20—49 头的每头奖励 50 元，年出栏 50—99 头的每头奖励 80 元，年出栏 100 头以上的每头奖励 100 元；肉牛养殖场（户）年出栏肉牛 5—19 头的每头奖励 300 元，20—49 头的每头奖励 500 元，50 头以上的每头奖励 800 元；肉羊养殖场（户）年出栏商品羊 20—49 只的每只奖励 50 元，年出栏 50—99 只的每只奖励 80 元，年出栏 100 只以上的每只奖励 100 元；对群众饲养能繁母猪的，一次性给予 500 元补贴；饲养能繁母牛的，一次性给予 1000 元的补贴；饲养能繁母羊的，一次性给予 300 元的补贴，补贴资金由中央和省级财政承担。在山瑶村寨实施畜禽保险机制，并将保险对象扩大为所有畜禽，按西部地区优惠政策给予保费优惠，即由中央补助 50%、省级财政补助 30%、养殖者承担 20%。

加大林业产业扶持力度。加大山瑶地区退耕还林、荒山造林和石漠化治理的投入力度，鼓励山瑶村寨群众发展经济林果和林木，由国家无偿提供种苗，每种植成活一棵奖励 5 元的政策。

加大龙头企业扶持力度。降低龙头企业扶持的准入门槛，鼓励国内外投资者到山瑶地区投资办企业，吸纳当地山瑶群众就业，提高山瑶群众收入。同时，给予贷款贴息扶持，按有关规定给企业用地、税收等方面的优惠政策。

通过发展产业，有助于为山瑶早日脱贫打牢经济基础，是实现脱贫致富和从经济增长到经济发展的重要保证。

二　基础设施工程

基础设施工程是农村赖以发展的必要条件之一，只有为"三农"提供完善的基础设施，才能满足农村发展的需要。现实中制约"三农"问题得不到有效解决的最基本的因素就是农村的基础设施建设的滞后，其既不能为农村的发展提供必要的服务保障，又制约和限制了农民增收的途径。

小水窖　　　　　　　　　　　架设电网

在对山瑶群众实施异地搬迁安置中，通过实现"三通"工程，即通路、通水和通电，满足山瑶群众发展的需要。在异地搬迁中规划新建村村砂石公路、坝塘、沟渠道、过滤池、调节池、管道安装、架设高压线路等，以"三通"为解决山瑶群众贫困问题的切入点，保证山瑶群众最基本的基础设施的需要。

在改进和完善山瑶群众居住地区和扶贫开发地区的基础设施建设中，富宁县本着"先易后难、先近后远、先通后畅"的原则，新改建通山瑶群众聚集村公路，根据交通运输量的需要，建设标准原则上为4级公路，铺筑砂石路面。

从 2008 年到 2011 年 8 月，先后实施了涉及山瑶群众集居区 12 条通达工程 280 多千米，累计完成建设投资 4000 多万元。这些项目覆盖山瑶集居的 6 个乡镇 12 个村委会 90 多个村小组，对缓解山瑶群众生产生活出行难和异地搬迁、就地安置和后期扶持发展奠定了交通基础。

人畜饮水工程采用管道引水为主，管道引水每个取水点设一个调节水池，再从池内引到农户，每户设水龙头 1 个，取水水源为 3 级过滤池。管道铺设方式为管道沿地面盘山铺设，局部地段加设浆砌石支墩，平均 200—300 米设一个三通作为管道排沙孔之用，取水水源为溪水。新建坝塘 5 座 30.1 万立方米；新建平均高 0.5 米、宽 0.35 米的三面光水沟 14 条 88 千米；新建过滤池 16 个共 48 立方米，调节池 16 个共 335 立方米，管道安装 123 丁米。

通电按照水利部 SI30—92《小水电供区农村初级电气化标准》，考虑山瑶村寨的发展，用电保证率按每天 18：00—23：00 时段 5 小时计，户均负荷 300W，户均年生活用量为 550KWH，电源引用 35KV 高压电网。10KV 线路导线选用 IGJ—50 钢芯铝线，0.4KV 线路导线选用 IGT—25 钢芯、芯铝线，0.4KV 线路按三相四线制设置。

完善的农村基础设施建设在农村起到至关重要的作用，有助于为农民的生产生活提供方便。信息的流畅、加紧与外在世界的联系和构筑城乡一体化，特别在对贫困群众的扶贫中，加强和完善基础设施建设是其迈向现代化的保证。

加强卫生基础设施建设，改善山瑶群众就医环境。2010 年以来，富宁县累计投入 700 余万元，建设了归朝卫生院住院楼、洞波卫生院住院楼、那能卫生院住院楼，总建筑面积达 4000 平方米；累计投入 48 万元建了归朝镇坡红村、那龙村、龙桑村、剥隘镇那岗村、沙村及那能乡那达村等 8 个山瑶群众聚居的自然村卫生室，总建筑面积达 510 平方米，有效缓解了山瑶群众就医难问题。

加强爱国卫生工作，深入实施农村卫生厕所改造项目。2009 年以来，共投入 27 万元实施了 5 个乡镇 14 个山瑶村寨 458 户群众卫生厕所改造，同时动员山瑶群众加大开展乡村整洁活动，山瑶群众村寨卫生面貌得到有效改善。

进村水泥路

三　安居温饱工程

由于山瑶群众经济收入低，无力修建房屋，只能搭建简易的茅草房，生活居住在危房之下，生命财产得不到保证，而每户一间简易的茅草房还要一房多用，形成人畜混居的现状。

安居温饱工程的实施和推进有助于满足山瑶群众最基本的生活需要。衡量和评价农村发展程度的外在条件之一就是安居温饱的现状，一个贫困落后的农村，往往体现在住房陈旧、土地资源稀缺。住房的改善是满足农民安全舒适环境的需要，而耕地资源的丰富程度则是农民实现脱贫致富的物质基础。

在住房方面，实施县内易地搬迁安置 1069 户 4814 人，新建抗震安居房 1069 幢（户），配套建设厨房、畜圈、厕所。实施小城镇安居房建设安置 240 户 1200 人，新建城镇安居房 240 套，按每套 50 平方米计算，建筑面积 12000 平方米；就近就地扶持发展，需要新建抗震安居房 310 幢，配套建设厨房、畜圈、厕所。

在农田方面，建基本农田地 3508 亩，实现土地流转 1689.1 亩，其中用于宅基地建设 122.1 亩，耕地 629 亩，林地 938 亩。新建基本农田地 5923 亩，其中易地搬迁 3508 亩，就地就近扶持发展 2415 亩，基本满足了山瑶群众的需要。通过实施新农村建设、农村危旧房改造、扶贫安居工程等项目，加大对农村危旧房建设改造和无房户新建住房扶持力度，改善贫困农户的居住条件。

在医疗卫生方面，全县山瑶村寨建卫生室 8 所，建筑面积 640 平方米，房屋为砖木结构。同时，配齐各种医疗设备，设有诊断床、体温表、出诊箱、药品柜、消毒缸、听诊器、血压计、接种包、注射器、高压灭菌设备、资料柜、药品、办公桌等。建卫生公厕，全县山瑶村寨建卫生公厕 20 座，设 5 个蹲位。

在科技文化活动方面，全县山瑶村寨建科技文化和计划生育综合服务室 18 所，建筑面积 1440 平方米，房屋为砖木结构。同时，配齐各种教学和学习设备。新建广播电视村村通 1828 户，能收听收看到 40 套以上电视节目。

在文化事业方面，建设完成 43 个村小组 1100 户广播电视村村通工程，山瑶群众用电全部实现同网同价，电视、电话普及率分别达到 61% 和 31%。

经过异地搬迁、城镇化建设和小集镇安置，山瑶群众的住房条件有了较大的改观。在近 4 年的扶贫中，共完成山瑶群众扶持 1732 户 7885 人，其中县内易地搬迁安置 608 户 2775 人、小集镇安置 120 户 600 人、就近就地扶持 1004 户 4510 人，有效改善了山瑶村寨群众的住房难问题，改变了过去人畜混居的状况。通过扶贫，为每一户山瑶群众建起了可以抗 7 级地震的 50 平方米的砖混结构的住房，山瑶群众的生命财产和卫生条件得到保障和改善。

能否实现异地搬迁的山瑶群众住下并发展起来，需要为山瑶群众创造和提供就业的机会。在异地安置范围内，有金坝林场，这为增加山瑶群众的经济收入和就业提供了良好的机会。金坝林场距离富宁县城 56 千米，地跨归朝、者桑、剥隘、那能、谷拉 5 个乡（镇）102 个村小组，下辖 11 个林区，林场总面积 15 万亩，有林地面积 13.13 万亩。目前，林场均已实现水、电、路三通，国道 323 线和广昆高速公路横穿林场 7 个林区，是云南省通往沿海地区的主要交通要道，具有一定的发展潜力。

四　素质提高工程

接受教育程度与家庭的经济收入之间存在着重要的联系，有研究表明家庭劳动力越多，家庭人均收入也就越高；家庭成员务农的越多，则家庭人均纯收入就越低；家庭劳动力教育程度越高，则人均收入就越高，家庭人口规模与家庭人均收入成反比。[①] 家庭劳动力教育程度越高，则人均收入就越高之间的关系说明，在扶贫中，发展教育、提高素质的必要性和紧迫性。素质的高低是影响"三农"问题的主观条件，一个现代化的农民必须具备现代化的意识，农村的现代化程度取决于农民是否具有思想观念的现代化，农村的贫困往往由于农民思想观念的陈旧和落后，在此思想观念下，农民没有想法、没有作为、没有盼头，安于现状，缺乏改变现状的勇气和能力，长此以往的结果是破罐子破摔。

山瑶民族中学

富宁县在针对山瑶群众的素质提高工程中，通过贯彻和落实义务教育，除了在富宁县城开设山瑶班，加强和完善教育实施建设等，同时还加强完善异地安置点的学校建设，提高和改善师资力量、办学水平和教学实施，旨在为改变山瑶群众知识贫困提供良好的教学实施和资源。对山瑶群众进行技能培训，在掌握技能的同时，为经济发展创造良好的条件。

五　生态环境保护与建设工程

在发展经济林木的同时，通过生态治理工程，实现生态修复。富宁

---

① 张兴杰、张沁洁：《家庭人力资本结构与农村贫富差距》，《社会科学家》2008 年第1 期。

县加强农村沼气建设，改善山瑶农村生态环境，规划在山瑶地区建沼气池 1066 口，实施原居住地石漠化治理工程 150 平方千米（合 22.5 万亩），其中封山育林 12 万亩，植树造林 10.5 万亩，原居住地耕地退耕还林 3016 亩。对人口密度大、生态环境脆弱的山瑶地区共组织 206 户 1030 人山瑶群众进行外迁安置，以降低环境的承载力，同时投资建设沼气池 399 口，占任务数的 37.42%，减少了山瑶群众薪柴使用及乱砍滥伐现象，确保生态环境得到保护。2011 年，结合山瑶移民搬迁村寨建设，投入资金 12.75 万元在剥隘镇那岗村小组建设沼气池 85 口及"三改"，为今后发展种植、养殖及生活能源提供保障，同时改善了农村生态环境，促进农村和谐发展。加快推进退耕还林、防护林、中幼林抚育等工作，全面推进 150 万亩中低产林改造，切实加快喀斯特地区 50 万亩旱冬瓜树的种植，提高水源点保护能力，推动林业产业化进程。

为彻底改变山瑶群众的贫困生产生活状况，加快山瑶同胞脱贫致富步伐，林业局紧紧围绕对山瑶群众扶贫的"安居温饱、产业发展、素质提高、基础设施、民生保障、生态环境保护与建设"六大工程，不断强化组织领导，采取有效措施，千方百计为山瑶群众谋划发展。在扶持山瑶发展林产业工作中，林业局针对山瑶群众无资金、无技术的实际情况，采取政府部门出资金技术、企业（大户）实施造林与政府补助、群众造林相结合方式，走"企业+基地+农户"的产业发展道路，扶持山瑶群众发展林业产业。2012 年年底，由林业局与扶贫办筹资在山瑶群众安置点那岗村实施的油茶标准化造林基地，通过组织有关部门验收合格后，将 1200 亩油茶分配到安置点 86 户山瑶群众手中，由群众自行管理、自主经营，实现了"户户有林"，推动了山瑶移民群众增收致富。

生态环境的恶化导致山瑶群众陷入贫困的恶性循环之中，生态环境的节节恶化得不到保护的现状，这不仅仅与可持续发展相违背，同时当地的山瑶群众也已经丧失了基本的生存保障。所以，当地政府在对山瑶群众的扶贫中就面临着既要能够实现对自然环境的保护，同时又要能够实现山瑶的发展。山瑶群众面临着两个需要，即脱贫致富和生态保护的需要。如何满足这两个需要，是在扶贫中率先要考虑的问题。针对山瑶群众的这两个需要和解决人与自然之间突出的矛盾，决定了在对山瑶的扶贫中，通过种树，发展经济作物，既实现了保护生态，构造美丽中国，又实现了山瑶群众的增收、创收，在实现生态效益的基础上实现经济效益，最终实现生态、经济的可持续发展。

美丽中国建设是为了实现人与自然的良性互动，在对自然环境的保护基础上形成的可持续发展，既实现了经济发展，同时又为群众构筑起良性的自然环境。在扶贫工作中，富宁县从实际出发，把对自然环境的保护以及所带来的生态效益作为衡量扶贫工作的标准之一，结合富宁县实施美丽乡村建设，将山瑶群众集聚区纳入美丽乡村建设发展规划，不断完善山瑶群众集聚区的基础设施建设，实施产业发展，不断增加群众收入。

六　民生保障工程

在对山瑶群众的扶贫发展工程中，富宁县重点抓好生活救助、医疗保障、养老保险等服务工作，解决山瑶群众的生活困难问题。

（一）贫困救助

富宁县针对困难群众采取的低保政策，在扶贫发展中具有重要的意义和作用，即使低保政策和扶贫二者之间并不是相同的。有学者认为，低保政策有助于对扶贫开发的补充和巩固。[1] 富宁县在落实农村低保政策上，始终坚持优先安排山瑶群众的原则和百分之百优先安排山瑶群众的指标分配比例标准，以有效保障山瑶群众能与其他民族同步发展，从根本上解决山瑶群众缺衣少食问题。

在农村低保保障方面，以农村低保保障为重点，切实保障山瑶群众基本生活。从 2007 年开始将部分山瑶群众列入农村低保保障，到 2010年已纳入农村低保保障的山瑶群众 1716 户 7946 人，月发放保障金 55.6万元；2011 年 6 月，随着小城镇集镇转移安置，将山瑶群众纳入城镇最低生活保障的有 112 户 483 人，月发放保障金 8.21 万元。

实现农村低保户全面覆盖。结合富宁县的实际，农村低保金发放补助水平不分年龄、对象及贫困原因，全部按月人均 70 元发放，全县农村低保实行分类施保，但是没有实施按标施保，包括在扶持发展中的山

---

① 杨成波：《农村低保制度与农村扶贫开发政策衔接问题探析》，《农业现代化研究》2012 年第 1 期。

瑶群众。2007 年以来，山瑶群众按照"优先安排和百分之百安排的原则"纳入低保保障范围，实现应保尽保；开展小城镇集镇转移安置扶持发展山瑶群众后，纳入城镇最低生活保障的 112 户 483 名山瑶群众，按月人均 170 元发放低保金。

低保人员的申请程序简洁。山瑶群众是特有的特困少数民族，为保证山瑶群众的基本生活，已经将其全部纳入农村、城镇低保来保障。在申请程序中，只需要提供身份证或户口簿复印件、填写有关表格，提交当地村委会、乡镇政府审核后上报县民政局审批即可。富宁县民政局在山瑶群众申请低保程序上简化了评议、公示的环节，确保了山瑶群众最低生活保障。

山瑶地区"五保户"的社会救助。目前，全县山瑶群众共有 1828 户 8429 人，其中列入"五保户"供养的 46 户 46 人。全部以分散供养为主，按五保供养条例，已经纳入五保供养范畴，保障其有饭吃，月人均发放生活补助 80 元，年发放 2 套衣服，鞋 1 双，被子 2 床，住房优先考虑，五保老人的看病就医全额报销。同时，已经列入五保供养的孤儿，供养政策不变，一直供养至学业结束为止。

其他的临时救助。除了农村低保、城镇低保保障外，富宁县还开展临时救助、医疗救助等扶持山瑶群众，解决山瑶群众春夏荒缺粮、生产及疾病就医上的困难和问题。2011 年春夏荒共救助山瑶群众 74 人，粮食 4400 千克，折合 14280 元；扶持生产上的化肥、农药等临时困难资金 2.5 万元；在医疗救助方面，切实保障山瑶群众有病能够及时医治，并给予救助，减轻群众负担，2011 年共救助 65 人，救助金额 3.1 万元。同时，每年为山瑶群众（资助）代缴城镇居民医疗保险和新型农村合作医疗保险，2011 年富宁县继续按照有关文件要求全额资助代缴山瑶群众新型农村合作医疗保险和城镇居民医疗保险参保参合工作。

（二）山瑶地区的社会福利

富宁县正在新华镇那平村筹建中心敬老院（含敬老院、孤儿院），占地 700 平方米，建筑面积 2200 平方米（住宿楼及业务用房），床位 120 张，规划投资 398 万元（申请中央投资和地方政府配套各 198 万元）。目前，完成敬老院主体工程。项目建成后将为孤、弃、残儿童和城镇"三无"人员提供养护、康复、医疗、教育、托管及老年人居家养老等服务。另外，富宁县以打造"十大品牌"为契机，规划在县城西新开发区筹建流浪及未成年人救助保护中心，住宿及办公综合楼建筑面积 900 平方米，床位 50 张，规划投资 398 万元（申请上级补助）。项目建成后将为流浪人员及未成年儿童提供专门的救助机构，为维护当地社会稳定做出积极贡献。

筹建社会中心福利院。选址在新华镇那平村，占地 1400 平方米，建筑面积 12600 平方米，拟建老年公寓住宿楼 2 栋，床位 500 张，规划投资 2400 万元（申请中央投资和地方政府配套各 1200 万元）。截至 2014 年，老年公寓已经打好地基，正在浇灌一楼构造柱。

建设乡镇敬老院。已建木央和田蓬敬老院 2 所，均为底框架结构房，建筑面积各为 432.23 平方米。设计床位各 20 张，入住五保老人 40 人。在建归朝、剥隘敬老院 2 所，建筑面积各 670.7 平方米，设计床位各 40 张，总投资各 100 万元，已经完成主体工程。启动洞波、阿用、里达 3 个敬老院建设，每所敬老院占地 3500 平方米，建筑面积 1250 平方米，投资 175 万元。规划建设板仑、谷拉、者桑、花甲 4 个乡镇敬老院，建筑面积各为 650 平方米，每个需要投入资金 150 万元，共 600 万元。

老年人保障。贯彻新修订的《云南省老年人权益保障条例》，一是将老龄事业经费和老年人保健长寿补助金列入财政预算，全面落实各项老年优待政策。目前，全县符合享受老年人保健补助金的老年人有 4411 人，其中 80—89 岁 3855 人，90—99 岁 542 人，100 岁 14 人。发放标准为：80—89 岁老年人月发放保健补助金 30 元；90—99 岁老年人月发放高龄补助金 50 元；100 岁以上的老年人月发放长寿补助金 100 元。二是为年满 60 周岁户籍在富宁县管辖区的老年人免费办理《云南省老年人优待证》。三是开展好春节等重大节日走访慰问贫困老年人活动，发放慰问品（金），让贫困老年人享受到党和政府的关怀和温暖，实现老有所居、老有所养。

（三）医疗保障

将享受低保山瑶群众全部纳入医疗保障资助参合（保）范围，按每年缴农合（保）的金额进行全额资助代缴，3 年多来累计共资助山瑶困难群众参加医疗保险 23832 人次，救助资金 145.2 万元。在医疗直接救助方面，切实保障山瑶群众有病能够及时医治，并给予救助，累计救助山瑶困难群众 156 人次，支出医疗救助资金 3.96 万元，减轻了山瑶群众负担，确保山瑶困难群众病有所医，医有所助，缓解了山瑶群众看病难的问题和减轻经济负担。

针对山瑶群众就医难及卫生脏乱差等问题，富宁县充分利用国家对富宁县开展山瑶扶贫工作的有利时机，采取多项措施全面提升山瑶群众卫生素质。在医疗保障方面，实现全部山瑶群众参加新农合，减免新农合费用，享有农村低保扶持，实现每个项目村都有 1 个卫生室和 1 名乡村医生。

做好新型农村合作医疗。认真做好新型农村合作医疗工作，有低保的山瑶群众自筹部分资金由民政统一代缴，加强农合政策宣传，让无低保的山瑶群众自愿参加新农合，并且按照相关政策报销医疗费用，减轻山瑶群众医疗负担。

加强公共卫生服务均等化工作。自富宁县启动基本公共卫生均等化服务工作以来，特别将山瑶群众作为重点人群进行健康体检，加强跟踪随访，使山瑶群众享受到均等的基本公共卫生服务。通过发放宣传资料和张贴宣传画等形式将更多的卫生知识传输给山瑶群众，县级卫生部门及当地卫生院多次组织医务人员深入山瑶村寨，通过进村入户、召开宣传会等方式，面对面向山瑶群众宣传疾病预防控制知识，山瑶群众防病治病知识得到了较大提升。

将新迁入山瑶群众纳入城镇居民基本医疗保险统筹，是解决山瑶群众看病就医的实际问题，是实现人人享有基本医疗保障的目标，使山瑶群众搬得进、稳得住、能发展。

那贡安置点

第五章

三 个 效 益

从 2010 年山瑶扶持发展大会战启动以来，富宁县根据当地的实际，以"搬家、种树、办教育"的总体发展思路，积极探索出了"县城集镇安置、县内易地安置、就近就地安置"3 种扶持模式。围绕着"六大工程"，富宁县通过采取发展产业、整合力量、调动山瑶群众的积极性、充分利用社会资源等措施和方式，全力推进山瑶扶持发展工作，截至 2013 年全县已经累计投入山瑶扶持资金 32000 余万元，整合资金 24905.25 万元，以劳折资 2430 万元，完成 1652 户 7505 人的扶持，占 2070 户 9217 人的 79.8%、81.4%。其中，县城集镇安置 120 户 600 人，县内易地安置 608 户 2775 人，就近就地安置 924 户 4130 人，有效改善了山瑶聚居区群众的基础设施及生产生活环境。

通过项目的实施，山瑶村寨已经更换新颜，出现了"6 大变化"，即经济发展水平、收入来源、生活质量、科技教育卫生事业、思想道德素质和民主法制意识等变化。总之，经过扶贫，在经济效益、社会效益和生态效益等方面取得了巨大的成就。实现贫困群众经济收入的提高，在经济收入提高的基础上带来的一系列的社会变化，为山瑶群众的经济增收创造了良好的环境，给山瑶群众提供了多样性的收入渠道，形成了稳定的收入局面，建立起了牢固的支柱产业，同时改变了恶劣的生态环境，构筑起了各民族共同发展、共同繁荣的和谐团结局面，取得了良好的社会效益。

第一节　经济效益

群众的贫困首先体现在经济收入低微、经济来源渠道较少、经济积累薄弱。所以，由于经济困难引起的一系列困难造成了农村的贫困，如何从源头上解决困难群众的经济问题是扶贫工作中必须要考虑和解决的首要问题。通过对山瑶群众的扶贫，为经济增长和发展创造良好的基础，富宁县结合当地实际发展现代产业，以政策和措施保障产业发展，产业规模初步形成，为山瑶群众提供了力保经济持续增长的动力，通过技能培训，提高了生存能力、促进了产业的发展。

一　发展产业中山瑶受益情况

经过扶贫开发，山瑶地区的核桃、任豆树、火龙果、甘蔗、油茶等产业基地已经基本建成，同时围绕着核桃、油茶、甘蔗等的加工产业也得到发展，拓宽了山瑶群众增收渠道。通过加大山瑶群众技术培训力度，采取职业学校集中办班培训、企业边务工边培训、技术人员进村入户培训等方式，大力开展种植、养殖就业技能培训，进一步拓宽山瑶群众经济收入渠道。山瑶地区农业产业的发展，让山瑶群众逐步摆脱了以种植粮食为生的局面。

丰收的甘蔗

把农民，特别是贫困群众的增收作为"三农"工作的重中之重，通过对山瑶群众的扶贫，不仅全面落实国家强农惠农富农政策，而且实现了山瑶地区农村产业发展不断提速、山瑶群众增收渠道不断拓宽、收入增长速度不断加快。随着产业的发展，有力地提高了山瑶群众的经济水平，在产业发展中为山瑶群众的持续发展打下坚实的基础。2010年以来，富宁县加大了对山瑶发展甘蔗种植的扶持力度，到 2013 年山瑶群众累计发展甘蔗 8185 亩，其中新华乡 130 亩、归朝乡 4623 亩、洞波乡2763 亩、那能乡 536 亩、者桑乡 103 亩、花甲乡 30 亩。2011—2012 年和 2012—2013 年两个榨季，全县山瑶种植户累计进厂原料蔗 25000 多吨，增加收入 1125 万元，户均增收 5400 元，人均增收 1220 元，受益1823 户。2010 年以来，先后在山瑶群众聚居的 6 个乡（镇）累计发展油茶 8858 亩，火龙果 500 亩示范基地，八角 10633 亩。仅甘蔗一项每年可为山瑶群众增加收入 1398 万元，人均增收 1517 元。

以结合实际发展产业是困难群众脱贫的基本保证，在对山瑶群众的扶贫中，通过发展农业产业、畜牧业和林业，已经基本形成了产业基础，为山瑶群众的经济发展创造和提供了平台。通过项目的实施，富宁县山瑶地区畜牧产业得到不断发展，畜牧产业扶持工作成效显著，山瑶群众的养殖观念进一步改变，掌握和运用养殖科技水平进一步得到提高，畜牧产业发展进步明显，扶持成效显著。截至 2013 年，全县 1828户山瑶群众中，实现猪、牛、羊和禽存栏分别为 3870 头、2133 头、7112 只和 22420 只，比 2011 年分别增长 41.1%、45.9%、94.5% 和104.4%；出栏分别为 2708 头、1783 头、5415 只和 18670 只，比 2011年分别增长 64.6%、706.7%、101% 和 112%；畜牧业产值达到 1804 万元，比 2011 年增长 85.4%；畜牧业纯收入人均 400 元以上，比 2011 年增加 150 元，增幅 60%。

到 2013 年年底，山瑶地区实现农民人均纯收入 3100 元，比扶持前增加了 2430 元，实现了稳步增收的扶持目标，提前实现了规划目标任务，扶持发展成果共惠及全县山瑶群众 1828 户 8429 人。

如位于富宁县东北部的那能乡，距县城 82 千米，那能乡瑶族支系山瑶群众居住在 6 个村委会 11 个村小组，共 262 户 1138 人。该乡的山瑶群众有句顺口溜"山瑶，山瑶，山高路遥，住在石窝窝，出门就爬坡，滴水贵如油，寸土稀似金，种下几面坡，收来一小箩"，这便是对山瑶地区群众生产生活状况的真实写照。

该乡在对山瑶群众的扶贫中，因地制宜通过抓科技培训促进产业发展。针对山瑶群众科技文化知识低，收入来源单一，11 个村寨均缺乏带头人、明白人的实际，该乡采取各种有效措施，结合甘蔗、油茶、马铃薯和养殖等产业的发展，先后邀请县级有关专家进村入户，现场开展技术培训。同时，发挥周边村寨"土专家"的作用，现身说法，帮教结合，有效地加快了种养业的发展。近年来，11 个山瑶村小组有 7 个村发展甘蔗 1874 亩，有 5 个村栽种油茶 1204 亩，另有 3 个村发展八角 1677 亩，11 个村共存栏猪 677 头、羊 271 只。全乡山瑶群众外出务工 254 人，经济收入增加 100 余万元。那母、安好等 4 个山瑶移民村，在组长王金富的带领下，积极开展各种小工程承包建设，就近就地打工增加了收入。

在扶贫开发中，那岗村结合地理气候实际，通过部门整合扶持，发展油茶、芒果两大产业。共发展油茶 860 亩、芒果 560 亩，油茶人均达 2 亩，芒果 1.3 亩。今后，油茶、芒果两大产业将成为该村经济发展的有力支撑。

对山瑶群众扶贫中以畜牧业、种植经济作物为主的产业的发展，实现了在山瑶聚居地专业合作社的建设，形成了公司加农户的合作社，而且展现了良好的发展态势。产业基础的搭建为实现经济持续发展创造了基础，为山瑶群众创造了良好的经济发展环境。

二　技能培训培养起了经济创收的能力

农民主体意识的树立和创新精神的培养，以及如何在新时期实现让广大农民成为新农村建设的受益者，必须通过对农民进行科学技术的培训，从而达到经济上的独立自主，在此基础上形成主体地位并且得到巩固。对于贫困的山瑶群众而言，政府对政策、资金、项目、技术、人才的支持就显得尤为重要，因为这有助于山瑶群众独立自主的发展意识、能力、信心的培养，最终形成并发挥山瑶群众的自主性、能动性、独立性和创造性。

技能的缺失是造成山瑶群众贫困的原因之一，如何帮助山瑶群众掌握基本的谋生技能，也是扶贫工作要解决的关键问题之一，因为只有掌握了基本的技能才能够实现独立自主发展。在扶贫工作过程中，富宁县始终把发展教育作为扶贫工作的重点，在实现适龄儿童基础教育的同时，对初中毕业后的山瑶群众及其他群众进行技能培训，把初中毕业后没有考取高中的孩子集中送读于富宁县职业中学，进行职业技能培训；

新厨房

对其他的山瑶群众进行技能培训，帮助山瑶群众掌握一技之长，实现在扶贫工作结束后的独立发展。

在社会流动性空间很大的现实社会中，走出去是一个很好的锻炼机会。在对山瑶群众进行职业技能培训之后，当地政府组织了山瑶群众到外务工，在劳务输出的过程中，既增加了山瑶群众的经济收入，同时又能潜移默化地进行教育学习，接受新思想，学到新技能。

从扶贫工作开始以来，富宁县总共举办山瑶群众职业培训班 15 期，培训 910 人，其中农艺专业 6 期 416 人，维修电工 5 期 281 人，电焊专业 1 期 21 人，创业培训班 1 期 54 人，中式烹饪 2 期 1020 人。按年度分，2011 年举办培训班 11 期 500 人、2012 年举办培训班 2 期 310 人、2013 年举办培训班 2 期 100 人，培训对象、年龄均符合规定和要求，培训结束均通过考核鉴定并颁发初级资格证书。

通过开展各类科技培训 186 期 14505 人（次），目前常年在外务工的山瑶群众达 1348 人，年务工收入达 2000 万元，人均增收 2169 元。同时，加大劳动力转移力度，通过劳务输出，改变山瑶群众传统的观念和意识，增加山瑶群众经济收入，促进山瑶地区经济社会发展。

对山瑶群众进行知识技能培训的目的是帮助其实现就业和发展产业的需要，富宁县为了能够使山瑶群众经过就业培训后实现就业，采取了通过开发县内的就业岗位和劳务输出的方式，以此解决就业问题和增加经济收入。

通过开发县内岗位，实现山瑶群众劳务输出和就近就地转移就业。富宁县深入富宁永鑫糖厂、富宁清洁绿化公司、雅长林场造林基地、物业管理公司等县内工矿企业收集缺岗空岗情况，并且督促工矿企业优先录用山瑶农民工就业。从 2010 年到 2013 年 3 年来，富宁县共开发适合山瑶群众就业岗位 400 个，先后组织、引导到县内各基地务工 360 人，其中组织到雅长林场造林基地务工 120 人、富宁永鑫糖厂 4 人、清洁公司 4 人，其他行业 232 人，为山瑶群众务工增收 200 万元。3 年来，积极组织引导 2200 名山瑶群众到广东、福建、广西等沿海地区进厂务工，月平均工资收入 2400 元，增加了山瑶群众的收入。

如今，劳务输出成为村民增收的"生命线"。针对那岗村地少人多的实际，群众若不外出务工将无分文收入，针对客观实际，剥隘镇组织、引导村民外出务工，通过举办劳动力技能培训、提供劳务信息。全村 86 户有 170 人外出务工，户均达 2 人长期在外务工，年劳务收入达 200 万元。如该村的罗绍云夫妻劳务年收入达 7 万元、黄福恩 3 个女儿劳务年收入近 9 万元。

经过技能培训、就业保障和劳务输出，在给山瑶群众带来实惠的经济收入同时，也在改变着山瑶群众的思想观念，已经出现了致富能手，以此形成的经济基础为山瑶的持续发展、山瑶地区的新农村建设打牢了基础。

（一）转变了山瑶群众的思想观念

思路决定出路，观念一转天地宽。经过发展教育、技能培训以及劳务输出的开展，不仅在短期内有效地增加了山瑶群众的收入，更重要的是使更多的山瑶群众解放了思想，更新了观念，为加快脱贫奠定了思想基础。山瑶的社会思想正发生着巨大的变化，已经初步改变了以往的"等"、"靠"、"要"的思想，形成了比较高昂的精神劲头和争先恐后的致富意识。

如剥隘镇在对山瑶群众扶贫中积极响应上级党委、政府的号召，结合那岗村实际，对迁入山瑶群众进行帮助和引导，努力为其理清发展思路，抓观念促转变，抓产业促发展，抓劳务促增收，抓事业促和谐。通过干部群众的不懈努力，如今那岗村的山瑶群众安置村群众渐渐迈出了脱贫致富奔小康的步伐。

思想观念极大转变。剥隘镇充分利用召开群众会议、观看宣传教育片等形式引导那岗村民崇尚科学、文明、向上的生活习俗，改变了过去"迷信浓、酒醉风、窝囊鬼"的不良习惯，正因为如此转变，村里的男青年也受到了外地姑娘的青睐，目前已有10余名外地姑娘嫁到那岗村生儿育女共建美好家园。如今，该村基本见不到酒醉风、人畜不分窝囊的不良习俗。

（二）开展技能创业培训培养出一批创业致富能手

通过开展职业技能培训和创业培训，使广大山瑶群众至少掌握了1—2门实用技能，增强山瑶群众的自我发展能力，同时做好"订单"和"定向"培训，大力开展转移劳务输出，大批山瑶群众开阔视野，加深了阅历，增长了技能，培养起了市场经济的意识，逢年过节回乡和平时的书信往来，不断给农村带来新影响。在他们的影响和带动下，"物离乡贵，人离乡贱"的传统观念和守着田地过日子等小农经济意识正在改变。如归朝镇龙绍村委会平乐村小组的袁会莲，2013年输送到浙江务工，月工资收入达3500元，两年时间为家中带回现金3万余元，而且还把本村10多名富余劳动力带到浙江打工，带动了全村共同致富。通过开展劳务输出，有的在当地厂矿企业成为骨干，有较高的经济收入，有的学到了技术，找到了脱贫致富之路。如归朝镇龙绍村委会平乐村小组袁福光，通过参加甘蔗种植培训，学会了科学的甘蔗种植技术后，租用周边群众土地种植甘蔗130亩，自带民工60多人，起到了"致富一人带动一片"的效果，为推动山瑶群众创业树立了榜样。

（三）开展培训加快山瑶群众新农村建设步伐

随着山瑶群众外出人员逐年增多，到2013年共组织引导山瑶群众到省外务工2200人，收入逐年增加，村民的生活在得到较大改善的同时，积极将劳务收入资金投入水、电、路等基础设施建设上，增强了自我发展的能力。从2010年到2013年，富宁县通过整合劳务和投入资金800余万元，在20余村小组中建设社会主义新农村，有力地推进了富宁县新农村建设步伐。

"三农"问题，其实质就是农民问题。农民不但是新农村建设的主体，而且还是建设社会主义新农村最终成果的受益主体，因而农民主体性是新时期"三农"问题中的应有之义。农民主体性的基本特征为自主性、能动性、独立性和创造性。农民主体性的内涵可以概括为农民能够充分享受到平等的经济、政治、社会、文化权利和同等的国民待遇；根据自己的需要能够有意识、有目的地自觉从事生产劳动，有权支配自己创造的劳动成果；以主人翁的姿态能动地参与和管理日常的社会生活和社会事务，并与社会其他群体和组织能够取得良好的互动平台；在创造物质财富和精神财富的同时，获得共享社会发展成果的机会，是社会的创造主体和受益主体的统一。① 在对山瑶群众的扶贫中，对山瑶主体性确立的有效措施就是通过技能培训，实现了根据自己的需要，有意识、有目的地从事生产经营活动，部分山瑶群众已经逐步摆脱对外力的依赖，走上了独立自主发展的道路。

经过技能培训，巩固了自我发展能力，在对山瑶群众的扶贫发展工作中，以"搬家、种树、办教育"为扶贫发展的思路，以统筹规划为山瑶群众脱贫的基本保障，在改变山瑶群众的生产生活环境的同时，通过发展教育、贯彻落实义务教育和职业技能培训，把解决当地的生态问题和增加困难群众的经济收入结合起来，通过发展经济林木，实现既保护了日益恶化的生态，又为山瑶群众培植起了能够持续带来经济效益的支柱产业。在为山瑶群众创造了比较稳固的支柱产业的基础上，要实现移民群众在住下来的基础上实现稳得住、富起来，就要不断巩固自我发展能力。

安新小区位于富宁县新华镇新兴社区安好村，距县城 0.3 千米，是富宁县 2010 年度 3 个山瑶群众外迁安置试点项目之一，属小城镇安置扶贫模式。该小区共安置山瑶群众 60 户，户均面积 50 平方米，设计为两室一厅一厨一卫，基本能满足一家 5 口人的居住生活。2011 年 6 月，来自新华、归朝、那能等 6 个乡镇的 300 名山瑶群众入住新居，转型为城镇居民，实行城镇居民低保动态管理，享受城镇居民待遇，履行城镇居民义务，逐步融入城镇生活。为确保山瑶群众搬出后能稳定发展，县委、县政府在采取领导"一挂一帮"办法的基础上，积极动员企业和社会各方力量帮助山瑶群众就业创业，进一步拓宽了山瑶群众的增收渠道，生产生活条件得到了较大改善，家庭经济收入有了较大的改观。

---

① 王国敏、邓建华：《重塑农民主体性是破解"三农"问题的关键》，《现代经济探讨》2010 年第 9 期。

在住房条件和生活环境明显改善的同时，群众思想意识有了较大的提高。由于生活环境的改变，促进了进城安置山瑶群众思想认识的提高。在未迁入新居前，山区经济发展滞后，山瑶族群众的思想意识较低，谋划发展的能力不强，具有典型的"日出而作，日落而息"的山区农民意识，每天都是在属于自家承包的贫瘠的土地上耕作，春播一小片，秋收一箩筐，日复一日，年复一年。搬入新居中后，居住环境改变了，为了生活，山瑶群众开始在新的环境中谋出路，思想意识不断提高，从政府要我发展变为我要自己展，不断加强学习培训，提升劳动技能，从经营单一的常规的种植农业向从事养殖业、建筑业、运输业和服务业转变。

就业形式呈现多样化，家庭经济收入明显提高，安新小区山瑶群众就业形式向多样化转变，有搞种养业的、跑运输的、批发零售的，还有外出务工挣钱的，群众家庭经济收入明显改善。如安新小区山瑶群众罗文刚开工程车月收入 3000 余元，其妻潘忠芬在安新小区附近租地种植蔬菜月收入 1000 余元；此外，部分山瑶群众在安新小区附近租地种植蔬菜并在县城市场销售，经济收入可观。

三　经济增加改变了山瑶的社会

造成农民贫困的原因非常多，在不同的贫困群体眼中，对贫困有着不同的认识，但是经济原因是造成一切贫困的主要原因，经济问题得到改变后，一切问题都会迎刃而解。经济收入的增加，有力地改善了山瑶群众的生活，在物质得到满足之后，实现了山瑶群众对精神文化的追求，满足了精神文明的需要。

（一）山瑶的基本温饱得到解决

曾经的山瑶群众没有稳定的经济来源，主要依靠在石漠化严重的石山上种植零星的玉米养家糊口，过着一年只有半年粮的日子。经过扶贫，山瑶群众的人均有粮为 320 千克，比扶持前提高了 40 千克，基本能够满足口粮的需要。

今天，虽然山瑶群众的生活仍然不富足，但是通过扶贫发展，产业规模已经形成，并为山瑶群众提供了增加经济收入的最基本手段。通过技能培训之后的外出务工、自主创业等，山瑶的自我发展能力得到提

收割甘蔗

高，基本走上了独立自主发展的道路，已经改变了以往的单纯依靠种植玉米和救济粮度日的日子。

（二）满足物质需要的基础上实现了精神生活的满足

马克思说："奢侈需要（享受需要）是必要需要（生存需要）的对立面。"① 人有不同层次的需要，不同层次需要得到满足的首要前提是温饱问题得到解决，温饱问题解决的前提是建立在稳定的经济收入上。走入山瑶群众世世代代生活的山中，山瑶群众基本上以自给自足的自然经济为唯一的生产方式。山瑶群众在石漠化严重的山头上开辟出零星的土地进行耕种，种植的作物以玉米为主，用于满足一年的口粮。而最主要的问题在于，辛苦劳作一年所获得的回报——玉米产量还不能够解决整年的家庭生活需要，山瑶群众陷入了绝对贫困的地步。试想连最起码的口粮都不能得到满足，又何来心思谈对更高需要的奢望。

毋庸置疑，经济的贫困制约和限制了贫困群众的精神追求，通过扶贫，山瑶群众的收入渠道得到增加和丰富，山瑶的经济实力得到增强。山瑶群众通过发展养殖业、种植业、劳务输出等方式实现了提高经济收入的愿望，形成了稳定的收入模式。在经济增加的基础上，山瑶群众的生活发生了较大的改观，部分山瑶群众用上了移动电话、电视和摩托车。住房条件得到了改善，大部分山瑶群众逐步使用上家用电器，2012年电视、电话普及率分别达到85%和60%，不断丰富着山瑶群众生活和精神文化。而新的消费品进入山瑶群众的生活中，又在潜移默化地改

---

① 转引自袁贵仁《马克思的人学思想》，北京师范大学出版社1996年版，第157页。

变着山瑶群众。

在精神文明建设中，富宁县政府通过加强基层文化建设，采取送戏下乡、送文化下乡、增加广播电视文艺节目等措施，千方百计活跃和丰富山瑶群众文化生活，积极为山瑶群众的精神文化需要创造条件。自扶贫项目开始以来，富宁县通过坚持"精神文明重在建设"和"一手抓繁荣、一手抓管理"的方针，不断加强山瑶地区文化工作队伍和基础设施建设，活跃和丰富群众文化生活，提高山瑶群众的思想文化素质和科学技术水平，为山瑶地区经济和社会的全面发展提供强大的精神动力、智力支持和思想保证。经过几年的努力，山瑶地区的乡、村文化基础设施相对完备，公共文化服务切实加强，山瑶群众看书难、看戏难、看电影难的问题得到基本解决，农村文明程度和农民整体素质有所提高。当地政府围绕满足山瑶群众精神文化需要，采取了一系列的措施，并且取得了积极的效果。

第一，以文化基础设施建设推动山瑶群众精神文明建设。山瑶的贫困导致围绕精神文明建设的基础设施比较滞后，在扶贫发展中，富宁县通过以政府为主导，以乡镇为依托，以村为重点，以农户为对象，发展乡村文化设施和文化活动场所，构建农村公共文化服务网络。在山瑶群众聚集的乡镇文化站建成集图书阅读、宣传教育、文艺演出、科技推广、科普培训活动于一体的综合性文化阵地，充分发挥乡镇文化站的公共文化服务作用。同时，在山瑶村建设文化活动室，将村文化活动室打造成融图书、阅览、娱乐、培训为一体的多功能场所，为山瑶群众的精神文化活动提供了保障。

第二，积极开展文化活动，丰富山瑶群众文化生活。在基础设施建设的基础上，富宁县开展多种形式的群众文化活动，把经常化、小型化、多样化的文化活动与定期举办大、中型群众文化活动结合起来，充分利用农闲、节日和集市，帮助山瑶群众组建文艺队，组织开展各种文艺演出、劳动技能比赛等活动。富宁县壮剧团创作和排练了一批反映当代新农村生活、农民喜闻乐见的文艺节目，免费为山瑶群众演出。鼓励农民群众自编自演具有浓郁特色的文艺节目，丰富传统节日文化内涵，弘扬优秀民族民间文化。

第三，做好电影放映工作。围绕解决人民群众看电影难问题，富宁县精心实施农村电影"2131"工程。加强了对新农村电影固定放映点和放映队伍的建设，逐步推广农村数字电影放映，做好配送电影拷贝工作，丰富农村电影片源。采取定点、流动、录像放映等方式，组织科教片和优秀故事片等下乡放映，使22个辖有山瑶支系村寨行政村的电影放映每年达到264场次，基本实现一行政村一月放映一场电影的目标。

第四，实施乡村图书文化工程。针对山瑶群众购书难、看书难的问题，富宁县精心实施乡村图书文化工程。富宁县图书馆、县新华书店配合国家"万村书库"工程，通过政府采购方式，集中购买新农村适用、农民喜爱、内容健康的科普图书分配给乡镇文化站，各乡镇文化站以流动文化服务的形式将图书送到村，切实解决好山瑶群众看书难问题。积极倡导山瑶群众读书用书、学文化、学技能，普及先进实用的农业科技知识和卫生保健常识。开展创建文明村镇、文明户等活动，引导广大农民群众崇尚科学，破除迷信，移风易俗，抵制腐朽文化，提高思想道德水准和科学文化素质，形成文明健康的生活方式。

如何实现贫困少数民族的物质文明和精神文明是扶贫工作中围绕开展的核心。所以，扶贫既要改变贫困人口积贫积弱的现象，还要提高贫困人口的精神面貌，以此焕发改变落后状况、战胜贫困的精神力量。

第二节　生态效益

科学发展观的第一要义是以人为本，这是实现全面、协调、可持续发展的主要指导思想。在扶贫工作的设计、实施过程中如何贯彻结合落实科学发展观的思想，如何实现经过扶贫项目开展后实现困难群众在经济、生态、社会、素质等方面的持续发展，是扶贫工作必须要考虑清楚的首要问题。

山瑶群众贫穷落后的外在原因之一是自然环境恶劣，长期对自然资源攫取导致丧失了基本的生存环境。富宁县在坚持开发与保护并重原则的基础上，进一步加大对山瑶地区开发力度，重点打造一批生态型发展项目，真正将山瑶地区后发优势转化为经济优势，实现山瑶地区人口、资源、环境的良性循环和经济社会的可持续发展。富宁县把对山瑶群众扶持与当地资源保护、生态建设结合起来，处理好眼前利益与长远利益、经济效益与生态效益的关系，实现资源的永续利用和生态环境的改善。富宁县在对山瑶扶贫发展中，把科学发展观的理念贯彻于扶贫工作的整个过程，在经济上，经过结合富宁县的实际，发展农业产业；在生态保护上，通过种植经济林木、治理石漠化、推行小水窖建设、退耕还林等方式进行，实现了人与自然的和谐共生。

一　生态建设成就

农村生态环境的破坏是造成农民贫困的客观原因之一，对于生存在恶劣的自然环境下的贫困人口而言，通过扶贫要达到两个目的，在实现脱贫的前提下，给自然环境一个修养、恢复的机会，给困难群众一个美好的、可持续发展的机会。

植树造林

在对山瑶群众的扶贫发展中，随着生态治理工程、建设工程的推进，在实现山瑶群众的经济效益的同时，当地的生态环境也得到了有效保护。富宁县通过规划在山瑶地区建沼气池1066口，减少了乱砍滥伐的现象；经过实施对原居住地石漠化治理工程150平方千米（合22.5万亩），其中封山育林12万亩，植树造林10.5万亩。同时，对人口密度大、生态环境脆弱的山瑶地区共组织206户1030人山瑶群众进行外迁安置，以降低环境的承载力。富宁县经过宣传教育，山瑶群众的生态保护意识提高，减少山瑶群众薪柴使用及乱砍滥伐现象，生态环境得到切实和有效的保护。

在生态环境保护与建设工程上，通过生态环境保护与建设工程、特色木本油料产业项目、实施森林生态建设等项目，实现了对生态的保护。在对山瑶群众的扶贫发展中，富宁县通过建沼气池、实施原居住地石漠化治理工程、植树造林，围绕"120万亩油茶、100万亩八角"总体目标，发展以油茶、油桐、八角、核桃为主的林产品精深加工企业。通过国家森林抚育补贴、低效林改造、造林补贴、防护林工程、石漠化治理、用材林基地建设、退耕还林工程、封山育林建设、公益林建设等，实现了山瑶地区生态效益和经济效益的相互结合。

富宁县在对山瑶群众的扶贫中，正确处理了开发利用与环境保护的关系，实现了促进生态环境的改善，保持水土，涵养水源，调节气候，这对促进农业与生态的协调发展起到了积极的作用，促进富宁县山瑶村寨生态环境良性循环，减少水土流失，增加保肥能力，为山瑶村寨农业生产发展创造了良好的外部条件。

二　经济效益和生态效益的良性互动

人类社会的发展和生态之间的关系是统一的，人在社会的发展和生态的保护之中起到了决定性的作用，应该保持在追求经济社会发展和生态保护之间的平衡，不能偏向任何一边，在促使社会发展的过程中保护好生态的同时，也实现了人类社会的发展。如何解决由自然环境破坏造成的贫困问题，在当前和今后具有重要的战略意义和深远的影响。为了贯彻落实科学发展观，富宁县在对山瑶的扶贫中，把扶贫开发项目与国家的科学发展和生态文明建设结合起来，在脱贫致富的过程中进行对自然环境的保护，通过自然环境的保护来增加贫困群众的经济收入，实现人与自然之间的和谐共处、双赢的发展态势。富宁县从扶贫的准备开始，再到扶贫各项工作的进行，始终结合了当地的实际，从保护环境入手，走可持续发展的道路。山瑶群众居住在石头山上，山上植被稀少，石漠化严重，而在这样根本不具备基本农业生产生活的环境中，山瑶群众靠在石头缝里开凿，种植玉米，以解决一年的口粮。这就导致当地的环境越来越恶化，植被越来越稀少，而且当地村民的生活质量并没有发生任何的改善。

在"搬家、种树、办教育"的总体发展思路中，把"种树"这一

木龙山千亩油茶示范基地

改善环境的措施纳入其中，在解决山瑶群众贫困问题的同时，加强对环境的保护。"种树"不仅仅有利于对当地环境的保护，同时也解决了当地的经济收入。从当地部门的规划上来看，为了解决山瑶群众经济来源困难的问题，富宁县结合当地的实际种植核桃、油茶等经济作物，把村民对土地的依赖由只是紧紧围绕土地的玉米产出，转变成为依靠经济作物的产出。这不仅提高了村民的经济收入，而且也促进了当地环境的保护，实现了脱贫发展和环境保护结合起来，走可持续发展的道路。

　　富宁县站在生态文明和美丽中国建设背景下，对山瑶群众的扶贫方式和思路进行了科学地审视，就如何科学地定位扶贫目标、政策支撑、合理规划以及扶贫方式进行了科学严密的论证，最终实现山瑶群众既摆脱贫困，又保护了对当地的生态环境，实现人与自然的和谐共生、到共赢。通过需要结合当地的实际情况，做到了长远规划、通盘全局地考虑。通过规划项目的组织实施，使山瑶群众生活的地区森林（草）植被面积大幅度增加，森林覆盖率有了明显提高，生态环境条件得到明显改善，在保持水土、涵养水源、减轻自然灾害、保护野生动植物等方面取得长足进展，实现了人与自然和谐共处。

第三节　社会效益

　　在山瑶地区，通过扶贫规划项目的实施，建成了一批事关项目区群众日常生产生活的基础设施项目和产业发展项目，改善了山瑶贫困地区基础设施落后的现状，解决了山瑶群众住房难、出行难、用电难、用水难、业余文化生活枯燥的局面，为山瑶群众的长远发展夯实了基础，优化了经济结构，增强了项目区发展的后劲，促进了山瑶地区经济发展，提高了山瑶群众的增收能力，确保了山瑶群众尽快脱贫致富的能力。更为重要的是，通过规划项目的实施，充分调动山瑶群众的积极性，在极大改善山瑶群众的生产生活条件的同时，在当地培养出了积极向上的精神面貌，随着社会帮扶氛围的营造，促进各民族共同团结奋斗、共同繁荣发展，实现和巩固平等、团结、互助、和谐社会主义民族关系，构建了稳定、团结、和谐、繁荣的社会环境。

一　人文素质得到提高

《云南富宁瑶族支系山瑶群众聚居区扶贫开发综合治理试点总体规划》中提出，在对山瑶群众的扶贫发展中，以自然村为基本单元，一次规划、分年投入、整体推进、连片开发，力争用 3—5 年时间，使山瑶群众实现有饭吃、有水喝、有房住、有书读、有路走、有医疗、有增收项目的"7 有"目标。经过从 2010—2015 年近 5 年时间的扶贫工作中，山瑶群众的"7 有"目标已经基本实现。

龙门村

山瑶群众在物质基本得到满足的同时，人文素质、精神面貌也发生了积极的变化。造成山瑶群众贫困的原因除了客观的自然环境恶劣之外，主观方面的原因则是知识技能的缺乏，要实现山瑶群众的脱贫，既要改变不利于山瑶群众发展的客观环境，又要改造山瑶群众的主观世界。如何改造山瑶群众的主观世界，改变传统落后的习俗，唯一的方法是教育，对全体山瑶群众进行教育和再教育，以发展教育实现改造思想，摒弃陋习，在思想上实现现代化。人口文化素质的偏低是农村贫困的根本因素，人口素质的持续提高是农村彻底脱贫的智力保障。人力资源素质的高低决定了农村发展的速度和现状，是否具有现代化思想意识和专业技能是衡量农村现代化程度的重要标准之一造成农村贫困的主观原因为人力资源素质低，这限制了农民的主观创造性。

富宁县对山瑶群众的扶贫中，在改进和提高经济水平的同时，注重人文素质的提高。针对山瑶群众在长期的生活中形成的习俗和生活习惯，特别是影响生活的、不适应现代生活的生活习俗，当地部门积极地帮助改进，通过开展卫生清洁、疾病预防、法律法规等方面知识的宣传活动，让山瑶群众养成良好的生活习惯，尽快地融入现代的城市生活中，如《新华镇新兴社区安新小区管理规章制度手册》上对该小区的公共设施、公共卫生秩序、环境卫生等有明确的规定，甚至包括家庭卫生均做了规定。公共卫生标准为安置点内道路整洁，无土堆、粪堆、柴堆；排水沟畅通无阻，无污水、积水和影响群众出行等问题；室内外墙壁干净，无乱涂、乱写、乱画现象；住户楼梯及走道不随意堆放杂物；不随地吐痰，不乱扔果皮、纸屑、杂物等，室外垃圾按规定地点堆放；公共厕所各住户要轮流清扫，保持整洁干净；垃圾池要保持一天两清或一天一清；定期清理绿化地内的杂草、杂物，保持绿化地清洁干净。

家庭卫生标准为室内垃圾用垃圾袋或垃圾篓放置，所有物品摆放整齐；灶台、餐具干净整洁，摆放整齐；床铺干净，被子折叠整齐；不随地吐痰，不乱扔果皮、纸屑、杂物；房屋内外勤打扫，不随地倒脏水、垃圾，无污垢恶臭；农具不乱堆、乱放；墙壁干净，无乱涂、乱写、乱画现象；安好、那贡安置点房内不堆放柴火，不许在室内用柴火煮饭、烧水等；安好、那贡安置点不得养家畜家禽，那岗安置点家畜家禽要圈养。

个人卫生标准为勤换衣服勤洗澡，保持衣服干净；男人不留长发、长胡须；每天养成睡前漱口、洗脸、洗脚，起床后漱口、洗脸的良好卫生习惯。

山瑶搬新家

富宁县通过出台措施，促进现代化市民建设。这从对一个现代人的培养具有重要的意义，从基本的生活习俗上做起，进而达到良好的文明生活习俗的养成。群众思想观念出现了大变化，树立山瑶群众在扶持发展中的主体地位，实行村组事务"一事一议"制度，富宁县把决策权、参与权、监督权交给群众，组织引导群众自主筹资、投工投劳、自建家园。截至2013年，山瑶群众已经投劳折资达2381.713万元，摒弃陈规陋习，提高了当家理财能力，培育出了发展意识、竞争意识、风险意识、法律意识，牢固树立自我管理、自我发展、自立自强的思想，在山瑶村寨形成学科学、谋发展、比致富的新氛围。

二　山瑶与外在社会融入

对于一个世代生活在闭塞环境中的山瑶，要走出去的确难，既要有走出去的念头，又要有走出去的勇气和信心，勇气和信心源自于出去后"能做什么"、"会做什么"，能否和外在的世界融为一体等，这些都是现实中制约山瑶群众能否大胆走出去的主要因素，如山瑶群众与他人的沟通问题，山瑶群众绝大部分不会讲普通话，只会本民族的语言，加之文盲，又要如何实现沟通与交流？

传统的户籍制度制约了农民的社会流动，把城市和农村分开，形成了城乡二元结构。随着改革开放的进程，户籍制度已经不再是制约农民流动和分割城乡不可逾越的红线。在农民源源不断的外出务工过程中，催生出了大批农民工，在此过程中既改变了农村，又改变了自己和城市，中国社会发生了翻天覆地的变化，农民在进城的过程中改变了自己，改造了思想观念，获得了经济收入。这部分农民工要么彻底改变农民的身份，成为城市人，要么把自己在城市打工的过程中学到的思想、掌握的技能、积累的资金带回农村，在农村中创业，进而改变农村的面貌。虽然，在农民工不断涌进城市的过程中面临一定的困难，诸如农村的养老、教育等问题，但是从现实的角度来看，这是改变农村和实现农民快速发展的捷径，农民工在进城之前没有技能和知识，但是在进城后，现实的环境迫使其快速学会并运用知识技能。农民工在改变着社会，社会也在改变着农民工，在人口的流动过程中实现了自我，发挥了自我的价值。

曾经的山瑶群众聚居的地区是一个比较封闭的社会，和外在联系较少，随着扶贫工程项目的不断推进，山瑶群众和外在社会的融入程度不断提高，经过教育、进城和外出务工等方式融合，在这个融合的过程中，在思想观念、知识技能等方面影响着山瑶群众。

教育融合。一个人不断接受教育的过程就是一个人走向现代化的过程，在此过程中，其思想、行为等方面在不断地发生着变化。对山瑶教育的发展，不仅仅对下一代山瑶群众的发展产生重要的影响，同时在这个过程中也使得山瑶群众和外在的世界融为一体。在教育的融合上，具体通过在富宁县城开办山瑶班进行职业教育等方式实现融合。

进城融合。如果说，教育的融合只是仅限于孩子或者部分的山瑶群众，那么进城则全家受到城市的影响。在城市生活中，随时接受信息，不断改变着思想观念。

劳务输出融合。富宁县对山瑶群众组织实施的外出务工，给山瑶的发展带来了巨大的变化，在劳务输出的浪潮中，山瑶群众一方面拓宽了经济收入的渠道，同时又在这个过程中不断地进行学习，逐渐融入现代化的城市生活之中。

三 构筑各民族共同发展的和谐局面

对边疆贫困少数民族地区的扶贫具有重要的意义，能够实现民族团结和各民族共同发展。有学者指出，西部民族地区反贫困工作有助于促进民族团结和社会稳定、确保生态效益和经济效益的共赢、强化政治认同，维护国家统一、促进民族文化大繁荣和大发展。① 扶贫工程的根本是实现人的全面发展，从贫困群众的自身来看，扶贫的意义在于为贫困人口创造一个发展的环境和机会，满足最起码的生活需要和发展的需要。从整个社会看，扶贫所带来的社会效益是实现了公平和公正，扶贫体现的最高社会意义，就是保证每一个社会成员都能够受到公平合理的对待，都有机会发挥人的自身潜能和实现人的全面发展，可以以平等的身份参与社会政治和经济活动，分享社会进步和环境改善所带来的好处，而不是被排斥在国民经济和社会进步的循环之外。②

　　在"十二五"农村扶贫规划项目的组织实施后，富宁县的山瑶地区交通、能源、水利等基础设施状况有了显著改善，"瓶颈"制约将得到根本改变，对促进山瑶地区经济快速发展、增强经济发展后劲、与全国同步进入小康社会起到重要的作用。同时，由于项目涉及面广、工程量大，需要大量劳动力，给社会提供了很多就业机会，群众可以通过参与项目的实施直接获得经济利益。随着各项基础设施条件的不断完善，抵御自然灾害能力明显增强，为推动全县经济社会的可持续发展产生重要的现实意义。项目实施后，山瑶村寨通路、通电，广播电视覆盖率、饮用水安全率达到新的水平，人居环境质量得到根本提高，人民生活更加殷实，彻底告别愚昧、贫穷、落后的面貌，步入现代文明。

　　有学者认为，在有的扶贫开发中，扶贫开发更多重视经济目标，综合目标尤其是社会目标被遮蔽。"贫困"问题就其实质来说不只是贫困群体经济收入低、物质生活条件差、生活水平低等问题，同时也是社会政策资源公平分配、发展机会平等、贫困群体主体性成长、发展能力全面提升的问题，本质上是公平社会、正义社会的目标问题。扶贫开发不仅要关注经济目标，更应该关注经济、社会、文化、环境等综合性目标的实现。由于连片特殊困难地区恰好与中国区域经济中较为落后的地区

①　杜军林：《西部少数民族农村地区反贫困策略》，《农村经济》2013 年第 6 期。
②　于洋、戴蓬军：《新世纪中国农村反贫困对策思考》，《农村经济》2004 年第 8 期。

相重合，因此实现经济发展目标的迫切性非常强。长期以来，政府已经完全习惯了用物质手段、经济指标、项目机制来推进扶贫开发，极大程度遮蔽了扶贫开发的综合目标，特别是社会目标的重要性。[①] 富宁县在对山瑶群众的扶贫中，体现了党的各民族共同繁荣、发展、团结、和睦的民族政策，所以扶贫还具有社会效益。通过扶贫有助于构建起公正、公平的社会理念，这是社会主义和中国民族政策优越性的集中体现，同时更有助于边疆少数民族坚定道路自信、制度自信和理论自信，营造民族凝聚力和向心力。

通过扶贫开发，山瑶地区发生了翻天覆地的变化，一批社会主义新农村正在建成。隶属于者桑乡百恩村委会的渭迷村小组，距百恩村委会8千米，距乡政府所在地20千米，为山瑶族村寨。全村共有32户160人，其中劳力64人，党员4人，共有土地面积1.74平方千米，全村经济收入以甘蔗、油茶、八角、杉木、木薯等经济作物种植和外出务工为主，曾经是集脏、乱、偏、贫于一身的典型山瑶村。2009年对山瑶群众扶持发展建设工作启动后，当地政府通过抢抓机遇做建设、穷则思变谋发展、民主管理促和谐等方式扶贫，如今的渭迷村小组旧貌换新颜，变成一个农民增收、民风和谐、产业发展、社会稳定的社会主义新村。

抢抓机遇做建设。边远、贫困、基础设施薄弱、群众文化程度低是限制渭迷村小组发展的重要原因，"晴天一身灰，雨天一身泥，灰尘满天飞、垃圾无处堆"是渭迷村小组群众生活环境的真实写照。在扶贫工作开始以来，者桑乡山瑶群众和党委、政府抢抓机遇，一方面强化资金项目申报力度，另一方面广泛宣传发动群众投工投劳建设自己的新家园。在2010年至2011年期间，全乡共投入山瑶扶持资金147万元，其中上级补助资金85万元，部门整合30万元，群众以劳折资32万元。其中在渭迷村小组建成了村民活动室1间、公厕1座、永久性标志牌1块，完成村内道路硬化3500平方米，架通人畜饮水管道3千米，修建蓄水池2个，完成厩舍改造29间，统建安居房建设28户。有效改善了山瑶群众饮水难、住房差、行路难"三难"问题。

穷则思变谋发展。"授人以鱼不如授人以渔"，没有能带动群众增

---

① 王春光、孙兆霞：《扶贫开发：惩防腐败应重点关注的新领域》，《中国党政干部论坛》2013年第9期。

收致富的产业是限制渭迷山瑶群众发展的主要"瓶颈"。根据渭迷村小组土地多、劳动力足的优势，结合全乡提出"山上八角油茶花、田地粮蔗一起抓、综合养殖上千家、田园人家美如画"的产业培植和新农村建设目标，在广泛征求群众意愿的基础上，乡党委、政府提出了"甘蔗油茶强内力，劳务输出做外援"内外结合的渭迷山瑶村产业发展和增进群众增收的思路。一方面积极引导群众发展甘蔗、油茶产业，通过引进企业注资，职能部门提供技术支持，群众采取以土地入股的方式发展油茶产业，渭迷村小组600亩油茶示范基地已基本完成种植。在甘蔗种植上，动员群众走优质高产路线，全村已形成200多亩甘蔗的种植规模，每年可为全村群众增加50余万元收入。另一方面，通过强化劳动技能培训、提供劳务信息等方式鼓励群众劳务输出，目前，全村共有30余人分别到广东沿海地区和本地打工，每年为村里带来将近50万元的劳务收入。谈到近两年来村里的变化，村里的老人感慨地说，过去一家有一台彩电的梦想都觉得遥不可及，可如今洋房、汽车都不觉得遥远了。

民主管理促和谐。在村民自治、管理方面有了长足的发展，村民的民主意识、自我管理意识不断增强。该村的村主任在谈到村里的管理时说以前村里人心不齐，难管理，隔壁邻里三天两头为些鸡毛蒜皮小事吵架是常事，自打村里有了管理制度后一切都不一样了。

自从村民活动室、村内道路硬化等项目建成后，为强化后续管理和民主建设，乡党委、政府多次组织召开会议引导群众制定了《村规民约》、《渭迷村卫生打扫制度》、《村民议事制度》、《村务公开制定》等管理制度，并组织群众选举村内威望较高的3—5名群众组建监督委员会，负责对村民履行管理制度情况进行监督。随着各项管理制定的制定和实施，渭迷村村容村貌得到了质的提升，过去的脏、乱、差现象不复存在，村民的民主意识和团结意识得到很大程度的提高。如今，每当到农忙时节，村民总是自觉地相互帮忙，田间地头形成一幕团结、和谐的温馨画面。

渭迷山瑶村曾经是全乡的"后进村"，可如今却变成了全乡的"后劲村"。全村产业发展开启了良好的开端，民主建设迈出了重大步伐。

地处边疆的富宁县集中了"老少边穷战"等特点，在中国革命的发展中和新中国之后的保家卫国斗争中，当地的群众给予了支持和付出。

战争之后的和平建设时期，对曾经默默奉献的少数民族地区的扶贫发展是对其付出的一种有力回报。经过对山瑶的扶贫发展，曾经居住生活在封闭的石漠化严重的石山上的山瑶群众逐步融入了外在的社会中，形成了各民族共同发展、共同繁荣的和谐团结局面，取得了良好的社会效益。

迁入县城的山瑶孩子

第六章

扶贫中取得的经验

根据不同贫困实际制定出扶贫发展的思路和采取针对性的措施，是扶贫发展工程顺利进行、目标顺利实现的有效保障。富宁县在对山瑶群众的扶贫发展中，在充分掌握山瑶地区的实际情况的基础上，通过明确思路，统筹规划，提出了"搬家、种树、办教育"的扶贫发展思路，以发展产业、调动资源、整合力量为统筹方法，推进"安居温饱、产业发展、素质提高、基础设施、民生保障、生态环境保护与建设"六大工程，最终实现了在扶贫发展中立足可持续发展的理念，践行科学发展观，把对山瑶的扶贫纳入到国家的发展战略中，既借鉴了对其他贫困人口扶贫的经验，又结合自身的实际，探索出边疆特困少数民族的扶贫方式，把实现解决贫困群众温饱问题和贫困群众全面发展结合起来。

第一节 解决温饱与全面发展相结合

富宁县把山瑶特困群体的脱贫致富问题放在加快推进新型工业化、农业产业化、城镇化和教育事业发展中统筹规划的要求上，在扶贫发展规划中，紧紧围绕"安居温饱、产业发展、素质提高、基础设施、民生保障、生态环境保护与建设"六大工程，在实现了山瑶的温饱问题解决的基础上，逐步实现山瑶群众的全面发展。

一 温饱问题只是贫困群众的最低需要

与较发达地区的扶贫相互比较，在民族地区的扶贫又有不同的实际和需要。民族地区农村社区的发展主要涉及 3 个方面——经济发展、基础设施建设和社会层面，① 这就决定了在少数民族地区的扶贫发展中，在实现了经济发展的同时，还必须实现基础设施建设和社会的全面发展。

解决困难群众的温饱问题只是扶贫的其中一个目的，贫困农民除了温饱的需要之外还有更多的实际需要，如精神需要、发展需要、教育需要等。在对山瑶的扶贫中，富宁县立足于满足山瑶群众的温饱需要，把实现增加山瑶群众的经济收入作为出发点，因为没有坚实雄厚的物质基础，山瑶群众的发展不可能实现，也不可能满足其他需要，所以富宁县把解决温饱问题作为首要目标，以此为基础，满足山瑶群众多方面的需要。新发展主义的主要观点认为，"发展"从来就是应具有其特定历史前提的。人们由单纯关注经济发展，转为关注"经济—社会"间的协调发展；发展是"整体的"、"内生的"、"综合的"。这种发展使技术受到各个人类共同体知识的、社会的和道德的约束。强调发展的综合性，主要是重视结构内部稳定协调发展，突出组织在结构中的作用；在发展过程中重视人类的创造性的提升。② 从新发展主义的观点出发，在对山瑶群众的扶贫中，富宁县立足于科学发展观以人为本的第一要义，在扶贫工作中，既突出了人的发展，同时又把人的全面发展作为扶贫开发工作的出发点和落脚点，把实现生态、经济、教育、社会事业的科学发展作为人全面发展的保障。

以农民为核心主体的"三农"的发展是全面的发展过程，贫困农民的需要同样是全方面的需要，在对贫困人口的扶贫过程中，满足和解决温饱问题只是最基本的需要，在此基础上还必须在为困难群众打牢经济增收的基础上，满足困难人口的全面需要。在对山瑶群众的扶贫中，富宁县通过发展产业，逐步建立了经济发展的基础，通过技能培训，帮助山瑶群众逐步摆脱救助、实现独立自主发展；通过精神文明建设，满足了山瑶群众精神文化的需要；通过发展教育，实现了人文知识技能的提高，从素质的角度上，为山瑶群众今后长远的发展打牢基础。

---

① 王思斌：《社会工作概论》，转引自胡阳全：《社会工作介入民族地区农村社区贫困问题的思考》，《云南民族大学学报》2013 年第 4 期。

② 孙文中：《创新中国农村扶贫模式的路径选择——基于新发展主义的视角》，《广东社会科学》2013 年第 6 期。

二 坚持可持续发展机制实现全面自由发展

可持续发展机制是在对贫困人口扶贫中首要的原则，经过扶贫，必须实现贫困地区的全面可持续发展。为准确掌握山瑶群众生产生活现状的第一手资料，编制好项目规划，富宁县先后组织开展了 10 余次对山瑶群众发展情况调研，认真分析山瑶群众长期贫困的主要原因，结合各村实际情况，研究制定了加快山瑶群众脱贫致富的具体措施。在对山瑶群众的整个扶贫项目中，不仅仅要实现山瑶群众的经济增加，同时也围绕着温饱问题的解决配套了一系列的措施，如教育工程、产业工程、民生工程、社会保障工程、生态工程等。以发展基础教育、贯彻和落实义务教育造就新一代，为新一代的发展提供智力需要，以发展职业教育培训为山瑶群众满足了创业的需要，以发展产业工程为山瑶提供了坚实的产业基础，实现经济长远的发展，以民生工程保障和满足山瑶群众的基本生活，以生态工程实现了可持续发展。富宁县在坚持开发与保护并重原则的基础上，进一步加大山瑶地区开发力度，重点打造一批生态型发展项目，真正将山瑶地区后发优势转化为经济优势，实现山瑶地区人口、资源、环境的良性循环和经济社会的可持续发展。

第一，实现了对山瑶群众扶持与当地资源保护、生态建设结合起来。富宁县在扶贫中通过搬家、种树、生态治理等方式，处理好眼前利益与长远利益、经济效益与生态效益的关系，实现资源的永续利用和生态环境的改善。

第二，实现了对山瑶群众扶持与计划生育、提高人口素质结合起来。富宁县在扶贫中，通过抑制人口的过快增长，提高人口质量，开发人力资源，加强山瑶群众的能力建设，实现资源、人口和环境的良性循环。在教育上，通过不断贯彻和落实义务教育，加强了基础教育和职业技能培训，实现人才素质的可持续发展。从根本上改变贫困人口的命运是扶贫工作的核心，有助于实现人口资源的长远发展，体现以人为本的理念。

第三，实现推进社会事业发展。富宁县在扶贫的具体过程中，结合实际，重点提高了山瑶群众素质的社会事业建设，改变了山瑶村寨、村容、村貌的文明新风建设，规范了有序的民主政治建设，构建起了以村党支部为核心的村级组织建设。

　　第四，确立了环境评价。富宁县山瑶扶持发展项目规划的实施，对生态环境的影响主要包括公路建设、易地搬迁建房和城镇廉租住房建设中开挖的土石方堆放、路面扩宽对植被的影响、集镇和农村排水、排污等。针对开发对生态环境影响的环节，富宁县采取有效的保护措施，做好项目对环境影响的评价工作，建设中选择多个环保方案，把环境影响降到最低程度；对易地搬迁建房和城镇廉租住房建设中开挖的土石方尽量就地回填或定点堆放；对交通建设中开挖的土石方进行多点堆放、分散处理，尽量减少对生态环境的压力；在扩宽路面中，尽可能采用多支砌、少开挖的建设方案；对集镇和农村排水、排污进行系统处理，最终实现开发与保护并重的环境保护目标。

　　坚持科学发展观的扶贫理念，才会实现最终的脱贫。经过对困难群众自我发展能力的养成有助于克服扶贫中的"发展"与"被发展"，树立起农民是农村发展的主体理念，真正实现自我的发展。

　　科学发展观的核心是以人为本，反贫的根本目的在于实现贫困人口的全面发展。经济发展的困难和障碍是制约贫困人口全面发展的根本原因之一，长期的经济落后、入不敷出的状态限制了贫困人口的追求和自由。从人本主义和以人为本的角度出发，扶贫的根本目的就是在实现贫困人口的经济基础之上，继而实现全面发展。

第二节　坚持以人为本的人文关怀

　　扶贫工作不仅要体现经济效益，更为重要的是要体现出人文关怀的理念。在扶贫工作中很难注意到的一点，缺少人文关怀的扶贫，往往体现不出人的价值和作用，过多追求经济发展速度。在对山瑶群众的扶贫中，富宁县把实现"三代人"的需要和发展作为扶贫工作的重要内容之一，针对老一代、青壮年一代和少年儿童一代，分别确定为"奉献的一代"、"奋斗的一代"和"希望的一代"，就这三代人实行相应的扶贫工程，体现了人文关怀的情节。针对"奉献的一代"，提出了要大力实施民生工程，实现老一代人老有所养、老有所居和老有所乐；针对"奋斗的一代"提出了能力提高工程，实现自我发展能力的培养；针对

"希望的一代"提出了基础教育工程，以实现山瑶群众彻底摆脱贫困，实现人力资源的持久发展。

一　山瑶扶贫中的"三代人"工程

在对山瑶的扶贫发展中，富宁县政府牢牢把握共同团结奋斗、共同繁荣发展的民族工作主题，突出"搬家、种树、办教育"，以整体脱贫、实现山瑶群众经济社会跨越式和可持续发展为目标，以尽快解决山瑶群众温饱并脱贫致富为首要任务，以提高群众自我发展能力为重点，以基础产业培育、基础设施改善、基本素质提升、基本保障构建、基本队伍建设为保障，以易地搬迁扶贫、纳入小城镇安置和就近就地扶持发展为主要手段，以培植特色增收产业为重要途径，以整合资源为切入点，优先解决安居温饱问题，着力实施产业发展、安居温饱、素质提高、基础设施、民生保障、生态环境保护与建设六大工程。富宁县提出让"奉献的一代"老有所养，让"奋斗的一代"创业致富，让"希望的一代"学有所教，帮助山瑶群众生活总体达到当地其他兄弟民族的水平，为山瑶群众打牢可持续脱贫致富的基础，实现人文关怀。

针对"奉献的一代"，大力实施"民生关怀工程"。对于山瑶群众的老年人在极其恶劣的自然环境中艰难地生存了几十年，为本民族的生存发展付出了大半生心血，现在绝大多数已经丧失劳动能力，富宁县政府称之为"奉献的一代"。对这部分老人，以建立完善医疗保险、养老保险、生活保障、临时救助等保障制度，让老一代人老有所养、老有所医、老有所乐。

针对"奋斗的一代"，大力实施"能力提升工程"。对于山瑶群众的青壮年，因为经济困难等原因而错失了接受中高等教育的机会，能力和素质相对较低，但上有老、下有小，必须为家庭和民族的生存发展而奋斗，富宁县政府称之为"奋斗的一代"。对这部分人，一方面进一步加大技能培训力度，增强其自我发展能力；另一方面建立完善扶持机制，鼓励就业创业。同时，制定山瑶群众转变为城镇居民的优惠措施，放宽户籍准入条件，保留承包地、林地、宅基地和计划生育等机制，建立住房、医疗、社会保障等制度，确保搬得出、稳得住、逐步能致富。

针对"希望的一代"，大力实施"基础教育工程"。对于山瑶群众的青少年儿童，正值山瑶民族发展的春天，是山瑶群众的希望和未来，富宁县政府称之为"希望的一代"。对这部分人，富宁县通过创造条件，帮助山瑶青少年儿童通过接受良好教育，走出大山，摆脱贫困。一是着力加强教育基础设施建设，提供良好的学习环境，重点实施好山瑶集聚乡镇学校和县民族职业中学等山瑶教育扶持项目，在乡镇中心校开办特困少数民族教学班，抓好教育集中办学，逐步把山瑶小学生集中到乡镇就读，初高中生集中到县城就读。二是着力健全教育扶持机制，创造良好的学习条件，在将特困少数民族子女全部纳入"两免一补"政策范围的基础上，进一步完善扶持政策措施，使山瑶学生学习生活得到应有的保障，解除后顾之忧。

二　扶贫是实现人文关怀的体现

人是具体、现实的存在。党的十六大以来，党中央提出了科学发展观的思想，科学发展的核心思想是以人为本。对于贫困地区的困难群众的扶贫，不仅有助于加速其发展的速度，更为重要的是实现了以人为中心的人文关怀理念。所以，在扶贫工作中，要把一切的扶贫工作都紧紧围绕人这一核心进行。马克思在《共产党宣言》中说，每个人的自由发展是一切人的自由发展的条件。[①] 马克思的个人全面自由发展，在新时期正是体现在"以人为本"的理念上，以人为本在扶贫发展中的体现就是发展的主体是贫困群众，扶贫发展的目的是在为贫困群众创造民族物质和精神需要的平台的基础上，最终与全国各族人民一道共同实现全面发展。

富宁县在山瑶的扶贫发展中，克服了见物不见人的现象，集中体现了人文关怀和实现人的发展。老一辈的山瑶人是奉献的一代，在新中国成立以来的 60 多年时间中，默默地做出了奉献，在石山上默默地等待与守望，如何安度晚年已经成为这代人最后的需要和奢望。在整个对山瑶群众的扶贫工作中，富宁县把专门针对老一辈人的需要作为扶贫的工作之一，通过安居温饱工程的推进，低保政策的落实，解决温饱问题，满足其最基本的需要；通过敬老院和养老院的建设，实现其安度晚年的

---

① 《马克思恩格斯选集》第 1 卷，人民出版社 1995 年版，第 294 页。

需要，通过完善医疗保障和文化事业，实现精神需要。

在全面建成小康社会背景下，富宁县能否在对山瑶群众扶贫发展中与全国一道共同建成小康社会，是检验扶贫成效的最终标准。对于山瑶群众而言，扶贫标准的实现，现实基础上依赖的核心力量是山瑶的青壮年。以往的技能谋生手段的缺失和客观的原因造成了山瑶的贫穷落后，对于青壮年而言，他们正是改变山瑶落后的中坚力量。对于这部分"奋斗的一代"山瑶，如何实现在现实基础上的脱贫，只有通过技能训练、提供完善的社会服务和保障体系，为其创业、独立自主发展创造良好的外在条件。

作为"希望的一代"的山瑶儿童的发展决定了山瑶群众的未来。以往山瑶群众贫穷与落后造成的原因，从主体角度上看，正是知识文化的落后和自身素质的低下。对于"希望的一代"而言，目前最重要的任务是从教育的角度进行改变，以教育改变观念，最终树立起主体意识，成为独立自主发展的力量。所以，在对山瑶儿童的教育上，通过在富宁县城专门开设山瑶班，把有条件的孩子送到资源条件较好的学校就读，实现接受教育的公平性。在山瑶聚集的地区不断改善教学条件与环境，为满足山瑶教育的需要创造和提供良好的环境。

富宁县对山瑶群众的扶贫中，把扶贫对象按照年龄分为"奉献的一代"、"奋斗的一代"和"希望的一代"，实现了按照不同年龄人的实际进行扶贫，与以往的扶贫相比较，显现了注重人文关怀的一面。

第三节　借鉴经验又居于实际的特困少数民族发展模式

云南省是一个民族众多的边疆省份，由于地理条件的限制等原因，云南省的少数民族处于贫困之中。其实从云南省，乃至放眼整个中国，很多少数民族都生活在环境恶劣的边疆地区，如云南省的整个边界线上就生活有贫困的独龙族、傈僳族、拉祜族、佤族、景颇族及瑶族支系山瑶等特困群体，这些少数民族都面临着贫困问题，而如何帮助这些少数民族脱贫致富，成为不同地区所面临的共同问题。而少数民族不论是生活环境还是自身的经济社会发展程度等，都具有一定的共同性，如自然环境恶劣、经济社会发展程度低、文化素质落后等。

一 莽人和僰人扶贫经验

山瑶的扶贫发展属于连片特困地区扶贫开发，有学者专门就国内外对连片特困地区扶贫开发进行过研究，并就取得的成绩和经验教训进行了总结，认为连片特困地区扶贫开发和试验区发展，应该从发达国家对贫困国家援助失败的案例中吸取教训，也应该从国内扶贫开发和发达国家的实践中借鉴有益经验，从人类学、民族学、社会学、经济学、地理学等方面进行国际比较研究，同时结合国情和各连片特困地区实情，注重绩效评价和可持续发展措施研究。① 在对不同少数民族的特困群体的长期扶贫过程中，帮助其脱离了贫困，扶贫工程取得巨大的成就，同时也在这个过程中积累和形成了宝贵的经验，甚至教训，为对其他少数民族的扶贫提供了可以借鉴的经验，在扶贫中少走弯路。

富宁县为了科学地制订出对山瑶的扶贫计划，以便扶贫工程的有效开展，专门组织了考察团到其他地区扶贫点进行实地考察取经，如红河州金平县的莽人扶贫、西双版纳的克木人扶贫、文山州丘北县的僰人扶贫等。富宁县通过对以上几个扶贫点的实地调研、考察，获得了宝贵的经验，再结合山瑶社会的实际情况，制订出有效可行的扶贫计划，并且形成了对山瑶扶贫发展具有重要意义的《富宁县组团到丘北县考察学习"僰人"扶持发展工作经验》、《赴红河和西双版纳州考察莽人克木人扶贫发展考察报告》等。

现把对莽人和僰人的扶贫经验做一简单介绍，以飨读者。

（一）莽人扶贫工程

红河州金平县的中越边界上生活着一个特困的群体——莽人，莽人是云南省人口较少的特困少数民族，截至 2007 年共有 126 户 681 人，自称为"莽"，意为生活在高山之上的人，2009 年归为布朗族。曾经的莽人生活在原始森林茂盛的高山之上，散居在高山密林之中，以木头当锄头，采取刀耕火种的方式，以树皮充当衣服，野果充饥，生活十分艰苦，其生活写照为"吃的野菜羹，穿着破衣裳，走的鹿子路，住的是篱

---

① 李佳：《中国连片特困地区反贫困研究进展》，《贵州社会科学》2013 年第 12 期。

笆房"。其主要以采集植物、狩猎为生，没有住房，缺乏农业生产，技能缺失，文化素质低下，交通不通等。

2008 年红河州金平县启动了《金平县莽人 2008—2010 年发展总体规划》，以基础设施改善、基础产业培育、素质提升、基本保障构建、基本队伍建设、基层组织建设为主要目标，实施了通路、水利、通电、安居、基本农田建设、教育、卫生、文化广电、科技及产业扶贫、整村推进、生态建设、民生保障等 12 项工程。建立起了"县长挂帅统领抓，职能部门分工负责配合抓，分管领导一线指挥亲自抓"的领导工作机制，形成了高位推动、上下联动、各方参与、合力攻坚的态势。具体通过科学规划，为扶贫项目实施奠定了坚实的基础；加强领导，为项目实施提供组织保证；健全制度，为项目规范运作提供制度保障；发展产业，不断增强群众的造血功能；强化监督，为项目的推进提供有力手段；落实资金，为项目提供物质保障；重视培训，不断提高综合素质等。

通过项目的实施，最终莽人的生活发生了巨大的变化，民生工程方面，莽人群众全部住进了新房，实现了住有所居，告别了篱笆房的生活；基础设施方面，实现了村内道路的畅通和道路的硬化；教育方面，适龄儿童实现了教育的愿望，同时开展成人教育，莽人的思想观念、发展意识得到了提高，学会了自我管理、自我教育、自我发展；产业建设上，良种和良法得到推广，粮食产量不断提高，解决了温饱问题，养殖业和经济林木产业得到了充分的发展，群众的造血能力得到了提升，为莽人的经济和社会在新台阶上更上一层楼打下了坚实的基础。

（二）僰人的扶贫工程

僰人是文山州丘北县最贫困的群体之一。丘北县境内的"僰人"主要分布在官寨、舍得、腻脚、曰者、树皮等 6 个乡（镇）21 个村民委 44 个村小组，共 2704 户 12375 人。普遍存在住房难、人畜饮水难、行路难、用电难、听广播看电视难等问题。

丘北县开展"僰人"扶持发展工作的基本做法和经验主要有以下几点。

一是领导重视、积极争取上级关心和支持。丘北县及时成立了"僰人"扶持发展工作领导小组，相关乡（镇）相应成立"僰人"扶持发展工作领导机构，并且从有关部门选调 7 名工作人员充实到"僰人"扶持发展办公室集中办公，为实施"僰人"扶持发展工作提供了有力的组织保障。在没有专项资金投入的情况下，不等不靠，从紧张的县财政挤出 200 万元经费投入"僰人"扶持发展前期工作中，为扶持工作的顺利推进创造了有利条件。同时，千方百计地争取上级的重视、关心和支持。2008 年 10 月，丘北县实施"僰人"扶持发展工作以来，多次积极向省扶贫办、省民委、省民政厅等省级有关部门和州委、州政府做专题汇报，得到了高度重视和支持。通过争取，计划由省扶贫办负责实施整村推进重点扶持村 18 个，省民委负责实施民族团结示范村 10 个，上海松江援建"白玉兰"重点村 6 个。

二是完善工作机制，高位推动"僰人"扶持发展工作。建立健全县、乡、村 3 级协调联动工作机制，县到乡实行县级领导挂钩负责制，由 1 名县处级领导分别挂钩 1—2 个"僰人"扶持项目村寨，负责督促资金、人力、物资的配套和使用，加强"僰人"扶持发展工作的组织协调，每周定期向县委、县政府汇报工作开展情况；乡到村实行乡（镇）长助理蹲点负责制，每个项目村寨均配 1 名副乡（镇）长和乡（镇）长助理，每天向乡（镇）党委、乡政府汇报工作情况，并且成立工作队进驻"僰人"村寨开展工作，有力地解决了"僰人"扶持发展工作中遇到的困难和问题。

三是部门联动，强化整合为实施好"僰人"扶持发展项目提供支持。加强部门沟通协作，加大整合力度，采取了"省级补助、州县自筹、整合资金、社会参与、群众投劳"的办法，按照"省扶贫办、省民委等省级有关部门补助一点，州县自筹或整合资金投入一点，协调上海对口帮扶支持一点，县级党政机关挂钩一点，群众投工投劳一点"的筹资思路，多方位、多渠道整合部门资金，为实施"僰人"扶持发展工作提供支持。自 2008 年 10 月"僰人"扶持发展工作启动以来，截止到 2009 年 7 月，丘北"僰人"扶持发展项目总投资 1200.65 万元，其中专项资金 464.33 万元，部门整合 413.78 万元，群众投工投劳折资 322.54 万元，整合资金占总投资的 34.5%。

四是依靠群众，发动群众保证"僰人"扶持发展工作顺利实施。丘北县在坚持群众自愿原则的基础上，充分调动当地"僰人"群众投工投劳参与各项建设，把"僰人"群众作为扶持发展工作的主体，按照"努力改变现有一批人，培养未来一代人"的要求，做好群众思想工作，逐步转变群众"等"、"靠"、"要"的依赖思想，大力弘扬艰苦奋斗、自力更生的精神，发动群众积极投入实施"僰人"扶持发展项目建设中，为做好"僰人"扶持发展工作奠定基础。

二　经验借鉴

通过对莽人、丘北县"僰人"扶持发展工作成功经验的学习，为富宁县进一步完善瑶族支系山瑶扶持发展工作思路、措施和办法，把瑶族支系山瑶扶持发展工作提到更高的水平，推向更高的层次提供了很好的经验和启示。富宁县认为，对山瑶的扶贫，必须在对其他扶贫成功经验借鉴的基础上，结合自身的实际，从以下7个方面进行。

（一）需要建立、完善山瑶扶持发展工作机制

在扶贫中要进一步完善工作方案，理顺工作关系，健全工作机制。需要及时调整充实县乡"山瑶"扶持发展工作机构，充实工作人员，制定工作措施，细化工作任务，量化工作目标，确定工作流程；需要确定"山瑶"扶持发展责任单位及协助单位，明确工作职责，避免工作中推诿扯皮现象发生，确保"山瑶"扶持发展工作件件有单位负责，事事有人落实，一层抓一层，层层抓落实；需要解决一定专项工作经费，确保工作正常运转。

富宁县落实县、乡挂钩领导、挂钩单位和驻村工作队员到山瑶村寨开展项目实施工作，同时认真推行"一联三帮"制度。"一联"即处级和科级联系挂钩到村寨；"三帮"即"党委政府帮"，党委政府帮思路、帮项目、帮资金、帮产业发展规划；"党员干部帮"即党员干部帮到户，开展"一帮一"结对帮扶；"社会企业帮"社会企业老板帮，动员社会企业老板到山瑶村寨开展帮扶工作。

（二）加大山瑶扶持资金筹措力度

面对着处于绝对贫困之中的山瑶，富宁县积极向上争取加大财政转移支持力度，增加政府拨款资金。争取上级财政设立山瑶专项扶持资金，用于扶持山瑶地区的经济社会发展。

采取多渠道筹措扶持资金。督促县级各部门在山瑶扶持发展中找准

自己的位置，明确自己的职责和义务，积极向上级争取项目资金，为改变山瑶地区的生产生活条件做出应有的贡献。

严格项目资金管理。对山瑶扶持发展的财政扶持资金、社会筹措资金和结对帮扶资金实行项目管理，制定和落实扶贫项目资金管理办法，做到专款专用；加强对扶贫资金使用管理的监督检查，发现截留、挪用和贪污扶贫资金的，依法依纪从严查处。

（三）落实责任，强化督查工作

加大对山瑶扶持发展工作的考核力度，制定相应的考核办法，完善目标责任制，层层签订责任书。把瑶族支系山瑶扶持发展建设项目列入督查范围，对提前和如期完成任务的单位和个人给予奖励；对完不成任务的单位和个人，取消当年评优争先资格，并且对主要领导进行问责处理。

（四）完善规划，突出分类指导

因地制宜，根据山瑶村寨的基本情况，进一步完善项目建设规划，并且按照分类指导原则，对全县山瑶村寨进行科学分类，确定各个山瑶村寨扶持发展的内容和项目建设的重点，真正帮助山瑶地区脱贫致富。

（五）集中力量，优先解决制约扶持工作最突出的问题

山瑶群众均地处边远石山区，山高坡陡，大部分村寨不通公路，严重影响了瑶族支系山瑶扶持发展工作进程，必须安排或整合资金，抓好涉及项目点山瑶村寨的简易公路建设，确保项目能够顺利实施。

（六）落实产业扶贫项目，实现山瑶项目村产业支撑

组织科技、农业、畜牧、林业等相关部门技术人员深入各个山瑶村寨，进行调查研究，认真综合分析论证，制定产业扶贫发展规划，确定产业扶贫项目，使山瑶扶贫开发项目村群众有经济来源。

（七）发动群众、注重宣传，形成全民参与建设合力

深入各个山瑶村寨，向山瑶群众大力宣传党的方针、政策和改革开放取得的成就，激发山瑶群众改变贫困落后面貌的决心，发动山瑶群众积极投入山瑶扶持发展工作中，并动员一切社会力量积极参与瑶族支系山瑶扶持发展工作，营造全社会共同关心和参与的良好氛围。

如何对贫困程度深的特困群众进行扶贫，让其早日实现摆脱贫困走上富裕之路，这是在目前为止中国仍然需要着力解决的主要问题之一。

由于特困群众所处的地理环境、外部条件和自身的实际不尽相同，这又给扶贫工作提出了不同的要求，需要根据不同的具体实际来确定不同的扶贫方式。虽然不尽相同的实际决定了扶贫发展的不同道路，但是在对特困群众的扶贫思路和原则上却是可以相互借鉴和学习的。

从对山瑶群众的扶贫和对云南省的莽人、僜人的扶贫发展对比上看，3个民族均处于绝对的贫困状态，生存条件恶劣，自身素质低，知识技能缺失，主要依靠种植单一的农作物求生存。如何为这些处于赤贫的少数民族进行扶贫，却又给扶贫工作提供了相互借鉴的经验。

从扶贫发展的原则上看，通过对以上选取的两个案例的分析，以及富宁县政府实际考察的经验，在对富宁山瑶群众的扶贫中，遵循了以下的原则：只有领导的高度重视，对特困群众的扶贫发展工作才有保证，构筑起自上而下和有力的组织，有助于扶贫工作的顺利展开；必须进行科学规划，这是实现扶贫工作有序、持续发展的前提；整合资源，是做好对特困群众扶贫发展的关键所在；强化管理，是做好特困群众扶贫持续发展工作的保障；发展人文素质，是特困群众摆脱智力贫困，实现自我发展思想意识培养的重要手段；保护好生态环境，是实现为特困群众扶贫持续发展创造的外在的天然物质财富；发展产业，是实现特困群众经济不断发展、财富日益积累的基础保障。

从扶贫发展的组织上看，以系统的眼光看待扶贫，农村是一个系统的社会，造成少数民族贫困的原因很多，既有历史上遗留的问题，又有现实客观条件的制约和束缚，同时还存在着自身的问题等，这就需要在扶贫中，充分考虑到造成贫穷落后的原因，同时针对存在的原因寻找到相应的措施，实现具有针对性和目的性的扶贫。造成山瑶贫穷与落后的主要原因为生存环境的恶劣，基本生存的自然条件的丧失，主观上知识文化水平低等，这就决定了不论是在扶贫的思路、原则还是内容上均要做出实际的、长远的考虑。调查现状、发掘困难、明确思路、找准方式、确定发展内容。以具体的实际和现实中存在的问题为制定扶贫攻坚重点项目思路，以明确的思路为扶贫的指导，以具体的措施为扶贫的内容，确保扶贫工作的顺利进行。

从扶贫发展的内容上看，山瑶群众的贫困原因之一是由于自然环境的限制，只能种植单一的玉米为生，没有其他的收入渠道，一年四季赖以生存的口粮只有在石漠化严重的石山上种植零星的玉米。对山瑶群众的扶贫就必须改变生存的现实环境，因为环境不再允许生存，也不能为山瑶群众的发展提供任何的条件。同时，要实现山瑶群众的经济收入增加，为日后长远的发展提供物质基础，需要改变以往仅靠单一的种植方式，必须结合市场的需要和当地的实际，为山瑶群众创造和提供长远的经济效益的支柱产业。针对此问题，富宁县组织科技、农业、畜牧、林业等相关部门技术人员深入各个山瑶村寨，进行调查研究，认真综合分析论证，制定产业扶贫发展规划，确定产业扶贫项目，使山瑶扶贫开发项目村群众有经济来源。

从长远目标上看，扶贫只是方式、手段，不是最终的目的，扶贫的目的是要让贫困群众今后的长远发展打下坚实的基础，经过扶贫攻坚项目的推进和实施，从外部的条件看，为贫困群众的发展创造一个良好的环境，从贫困群众的自身看，通过"输血"，增强自身的独立发展的能力，最终实现独立自主发展。

从群众的参与上看，农民是农村的主体，农村的发展程度取决于农民，农民在"三农"中处于核心的位置。"三农"问题的产生，主观的原因为农民自身，而"三农"问题的解决是解决以农民为核心和目的的问题，可以说，只有农民的问题解决了，"三农"问题才有可能从根本上得到解决，同时也才能够实现农民发展的需要，最终实现以人为本。

三　特困群众扶贫发展的模式

富宁县在对山瑶扶贫发展中抓住了主要矛盾，强调优先解决突出问题。在山瑶群众的贫困中凸显了以下几个矛盾，即人与自然的矛盾、产业落后与经济增长之间的矛盾、知识技能低与经济社会发展之间的矛盾等。这些矛盾的存在以及长期得不到解决，导致山瑶群众长期处于贫穷和落后的状态之中。

（一）紧抓主要矛盾

人与自然之间的矛盾导致山瑶群众丧失了基本的生存环境，本来就已经脆弱的自然加上长期对自然资源的攫取，导致山瑶地区的环境陷入恶性循环之中。产业落后与经济增长之间的矛盾，决定了山瑶群众收入低，整年种植单一的农作物，非但不能够给山瑶群众带来物质上的积累，而且还不能解决生计，长期处于贫困线下。知识技能低与经济社会发展之间的矛盾导致了生存技术的单一，除了简单的种植外，没有任何的其他收入来源渠道。这些矛盾的长期存在以及与之衍生出的一系列问题，是摆在山瑶群众和当地政府部门面前迫切需要得到解决的问题，这就决定了需要在扶贫中首先找准矛盾，抓住主要矛盾，并且以解决这些根深蒂固的矛盾为突破口，为扶贫发展的出发点和落脚点，最终实现山瑶群众的全面发展。

对于贫困的范围广、程度深、扶贫开发工作难度巨大的"连片特困地区"，既往的减贫模式已经很难适应此类地区的贫困治理，迫切需要完成理论视角的转换。同时，"连片特困地区"多具有自然地理条件的复杂性和经济社会文化多元性并存的特征，以"发展主义"为核心的"同质化"贫困治理方案，不仅难以实现减贫的目标，反而会面临巨大的生态风险、社会风险和文化风险。需要秉持的理论视角进行扶贫，即民族视角、生态视角、特殊群体视角、性别视角等。[1] 富宁县对山瑶群众扶贫采取"搬家、种树、办教育"的思路，在搬家的方式上，通过城镇化、异地安置、就地扶植等方式进行，对于已经掌握一定的知识技能和具备一定经济基础的山瑶群众采取的是进城的方式，即以城镇化的方式处理；而对于已经丧失了基本的生存环境的贫困群众采取的是异地搬迁扶持；对于生活的自然环境较好的贫困群众采取了就地扶持的方式。

根据山瑶地区的主要矛盾，富宁县在扶贫中突出"搬家、种树、办教育"这个重点，以整体脱贫、实现山瑶群众经济社会跨越式、可持续发展为目标，以尽快稳定解决山瑶群众温饱并脱贫致富为首要任务，以提高群众自我发展能力为重点，以基础产业培育、基础设施改善、基本素质提升、基本保障构建、基本队伍建设为保障，以易地搬迁扶贫、纳入小城镇安置和就近就地扶持发展为主要手段，以培植特色增收产业为重要途径，以整合资源为切入点，优先解决安居温饱问题，着力实施产业发展、安居温饱、素质提高、基础设施、民生保障、生态环境保护与

---

① 吕方：《发展的想象力：迈向连片特困地区贫困治理的理论创新》，《中共四川省委省级机关党校学报》2012 年第 3 期。

建设6大工程。富宁县让"奉献的一代"老有所养，让"奋斗的一代"创业致富，让"希望的一代"学有所教，使山瑶群众生活总体达到当地其他兄弟民族的水平，为山瑶群众打牢可持续脱贫致富的基础。

围绕着解决制约山瑶地区发展的主要矛盾，富宁县政府启动了对山瑶地区扶贫的攻坚计划，结合当地的实际情况制定了相应的措施和方案，积极争取资金，并且投入了相应的财力、人力和物力。富宁县结合当地的实际，从现有的资源入手，提出了按照"搬家、种树、办教育"的总体发展思路，结合山瑶群众聚居区的实际情况，积极探索山瑶扶持发展工作新模式，在搬迁安置、退耕还林、民生保障、教育培养、产业发展和资金配套政策等方面实行超常规的特殊扶持政策，采取"县内跨乡易地搬迁、纳入小城镇建设安置、就近就地扶持发展"3种扶持方式，围绕"产业发展、基础设施、安居温饱、素质提高、生态环境保护与建设、民生保障"六大工程。同时，确定了"7有"目标，即"有饭吃、有房住、有书读、有路走、有医疗、有增收"，其涵盖了山瑶地区的各个社会内容。

（二）基本原则

富宁县山瑶群众综合扶贫发展规划建设期限从2010年至2015年。发展目标围绕解决温饱，扫除贫困死角，从根本上解决山瑶群众的生产生活条件，重点实施"产业发展、基础设施、安居温饱、素质提高、生态环境保护与建设、民生保障"六项工程，前3年完成规划和基础设施项目建设任务，后3年完成产业发展和巩固提高项目建设任务，到2015年实现农民人均纯收入2000元以上，人均有粮350千克以上，解决山瑶群众1828户8429人的温饱和脱贫致富问题，确保95%以上的农户掌握1—2门实用技术，适龄儿童入学率达到100%，人人享有医疗卫生保健，实现山瑶群众有饭吃、有房住、有水喝、有书读、有卫生室看病、有路走、有增收项目的"7有"目标。使山瑶群众生产生活条件得到根本改善，社会事业发展明显进步，特色增收支柱产业基本形成，生态环境明显改善，有健全的农科服务体系、农村社会保障体系、农村社会事业服务体系，农村基层组织建设进一步加强，建立可持续脱贫致富的长效机制，实现山瑶群众整体脱贫和跨越式可持续发展，为建设"生产发展、生活宽裕、乡风文明、村容整洁、管理民主"的社会主义新农村目标打下坚实基础。

抓好山瑶村寨扶贫工作，富宁县坚持了以下基本原则。

一是着眼长远，着眼根本。着力解决好当前山瑶群众生产生活中面临的实际困难和问题，帮助山瑶群众解决最关心、最直接、最现实的利益问题，又要考虑长远，超前规划长远发展项目。

二是重点扶持，统筹兼顾。充分认识扶持山瑶群众发展的特殊性和重要性，特事特办，在重点扶持发展山瑶群众的同时，又要统筹兼顾山瑶地区其他民族的发展，使规划建设可以辐射和带动区域各族群众的共同发展。

三是综合扶持，整体推进。既切实抓好路、水、电、安居、农田等基础设施建设和产业扶持，又抓好教育、文化、卫生等社会事业发展；既重视项目硬件建设，又做好政策宣传教育、文化科技培训、基层组织建设等软件投入；既加大资源开发力度，又注重生态环境保护，促进山瑶地区经济社会协调发展，山瑶群众综合素质不断提高。

四是一次规划，分步实施。从山瑶地区的实际出发，科学规划扶持山瑶群众发展项目，严格按上级审定批准的总体发展规划，有计划、有步骤地推进规划的实施，制定年度实施方案，确保按期完成规划目标任务。不得随意变更规划内容，保持规划的严肃性和稳定性。

五是整合资源，合力攻坚。扶持山瑶群众发展是一项综合性的系统工程，要整合各种扶贫资源，统筹安排各种项目资金，集中投入，相互配套，形成合力。同时，广泛宣传动员社会各界参与和支持项目建设，组织和发动山瑶群众积极投工投劳建设家园。

六是尽力而为，量力而行。以山瑶群众受益为宗旨，本着既解放思想、敢想敢干，又切合实际、量力而行的原则，把基础设施建设与产业开发结合起来，把改善群众居住环境与提高群众整体素质结合起来，把经济效益与生态效益结合起来，努力让山瑶群众在扶贫开发中得到更多的实惠。

七是国家扶持与自力更生相结合的原则。既要积极争取国家投入资金扶持，又要广泛动员山瑶群众积极投工投劳建设自己的家园。

富宁县在对山瑶的扶贫发展中，依据主要矛盾和扶贫的基本原则，形成了扶贫发展的工作机制。

一是责任机制。富宁县按照"统一领导、归口管理、分工合作、各司其职"的原则，实行一个县级领导挂钩一个村委会，一个部门挂钩一个项目村，部门和乡镇主要领导对所负责实施的项目全面负责，把目标任务层层分解落实到领导、到部门、到乡镇和村组，形成三级联动、一级抓一级、层层抓落实的责任机制。

二是工作机制。富宁县实行山瑶扶持项目归口管理，统一规划项目、统一下达资金计划、统一调度整合资金、统一报账审核，切实做到山瑶扶持项目推进实施到哪里，领导力量就倾斜到哪里，部门任务跟进到哪里，建设项目配套到哪里，形成合力攻坚的扶持工作新格局。

三是督查机制。富宁县坚持每半个月召开一次工作例会，每个月专项督查一次项目实施进度，每个季度汇总一次扶持工作情况，做到工作会议主要领导要主持，重大事项主要领导要过问，建设进度主要领导要掌握。同时，把扶持工作成效作为干部绩效考核评价的重要内容，对思想认识不足、工作措施不力、实施效果不佳的相关责任人实行问责，确保各项责任落实到位。

第七章

存在的问题

在对山瑶群众的扶贫过程中，虽然取得了较大的成绩，但是由于历史和现实等原因，还存在着一些问题，这需要在以后继续推进扶贫工程的过程中不断改进，以便让扶贫工作更加的实在，山瑶群众得到更多的实惠，最终彻底摆脱贫困，实现独立自主的发展，确保到 2020 年建成小康社会。在扶贫的过程中，主要存在着以下几个方面的困难。

由于贫困程度深，建设成本高，资金不足等导致了资金困难；产业发展困难，产业规模尚未完全建立起来；山瑶群众已经形成的固有习俗难以转变，"等"、"靠"、"要"等传统意识存在，阻碍了扶贫工作的有效展开；从扶贫工作的开始设计到实施过程中，偏向于强调政府主导型，缺乏山瑶群众普遍参与，导致出现抵触心理，山瑶群众在决策上所处的位置和起到的主体作用没有完全凸显等。这些问题的存在，制约了扶贫工作的推进，如果长期得不到解决，有可能会导致扶贫工作的前功尽弃，山瑶群众最终又回到贫困的状态之中。所以，在后续的扶贫工作中，工作难度仍然较大，是否能使山瑶群众永久地脱离贫困，走上独立自主发展的道路还有待于对这些问题的有效解决。

在学术界，对扶贫过程中存在的问题研究较多，这些研究包括个案的研究、整体性的研究和阶段性的研究，如王朝明的《中国农村 30 年开发式扶贫：政策实践与理论反思》认为，区域开发式扶贫战略及其政策措施在过去 30 年的实践，产生了太多需要认真反思、总结和研究的问题。诸如，中央政府确立的扶贫目标与各级地方政府的行为偏好可能不一致，甚至发生抵触和冲突，战略所确定的保证地区经济增长的利益主要流向目标穷人的设想可能落空；扶贫战略实施往往是政府主导，而贫困人口和基层组织及社会力量主动参与较少；区域开发扶贫战略过高估计了区域开发引致经济增长对扶贫的作用，而忽视了救济性扶贫的功能；对政府扶贫资金的分配和管理使用没有建立严格的、透明的监管制度，致使扶贫资源易被挪作他用，并且扶贫资源的利用效率低下；扶贫行动建立在政策基础上，而制度建设滞后，影响了扶贫效果。[①] 在此处借用王朝明的研究成果用于说明，在对山瑶的扶贫发展上，应该极力避免扶贫中诸如片面地追求经济价值、扶贫只是建立在政策层面上、没有群众的参与等现象的发生。

第一节　围绕经济发展中存在的问题

对于困难群众而言，经过扶贫工程的实施，要能够实现扶贫前的预期，实现经济增长，产业基础牢固，并且能够持续不断地为经济增长带来机遇，基础设施的健全完全能够满足日常的生产和生活的需要。在经历了扶贫开发之后，山瑶地区，特别是就地扶植的部分，在产业发展、畜牧业、基础设施建设等方面仍然存在着困难，这些困难的存在，一定程度上制约了扶贫工作的效用。

一　畜牧业存在的困难和问题

山瑶扶贫发展中的就地扶植和异地安置中，富宁县采取了发展产业化的路子，而发展畜牧业是对这些困难群众扶贫中重要的措施之一，因为畜牧业有投入较少、见效较快等特点，可以在短时间之内增加困难群众的经济收入。

在对山瑶的产业扶贫发展中，对就地扶植部分的产业支持中，富宁县鼓励山瑶群众发展畜牧业，主要以养牛和养羊为主，经过了5年的发展，已经初步显现了规模，给山瑶困难群众提供了增加经济收入的重要渠道。但是，经过5年的畜牧业发展实践，也出现了部分问题，主要体现在畜牧业的底子差、群众的经济基础还比较薄弱、缺乏劳动力、科技普及程度低等。

畜牧养殖底子差。由于受山瑶扶持发展和产业结构调整的影响，部分示范户有的搬离了原居住地，受土地资源等影响，已经不具备畜牧项

[①] 王朝明：《中国农村30年开发式扶贫：政策实践与理论反思》，《贵州财经学院学报》2008年第6期。

目实施条件，同时，由于产业结构调整后部分土地资源用于发展甘蔗，示范户无放牧用地，出售了原饲养的牛羊，出现空栏等现象。

群众经济基础薄弱。山瑶群众居住地属石山区地貌，环境条件恶劣，生产条件艰苦，经济基础条件相对落后，群众家底薄，自筹资金困难。而国家专项补助不高，自筹建设资金比例相对偏高，群众自筹资金困难影响项目建设进度。

缺乏劳动力。项目区部分青少年外出务工，在家青壮年通过劳动就业培训后又被安置到企业上班，在家发展生产的劳力少之又少。

科技意识普遍偏低。由于山瑶群众受教育程度偏低、传统观念和落后养殖方式依然存在，群众学习并运用科技比较困难，养殖技术推广运用效果不明显，导致养殖商品率和经济效益都不高，降低了群众发展养殖致富的积极性。特别是山瑶群众由于受生产生活环境、科技意识、基础设施和饲草饲料等条件限制，畜牧业生产养殖科技含量、出栏率、经济效益"3低"现象突出，缺乏依靠自身积累和自我发展的能力。

建设用地紧张。部分项目区属喀斯特地貌山区或搬迁地，耕地面积和建设用地少，没有多余耕地用于饲料地建设，一般每户用于种植饲草饲料的用地仅 0.5—2 亩不等，限制饲料来源。畜舍扩建用地紧张，难以形成规模养殖。

山瑶项目实施须按县政府山瑶扶持发展统筹规划、统筹安排实施，与原批复的设计有一定出入，影响了项目实施进度。

要改变就地扶植部分地区的畜牧业发展，必须按照既定项目实施方案要求进一步加大工作力度，加强与项目区养殖户的联系和沟通。通过多渠道、多举措、多层面开展宣传动员，不断提高群众的发展意识，积极动员群众投工投劳，加快项目实施进度，确保山瑶地区建设项目如期按质按量完成任务和实现预期效果。

由于建设材料价格上涨、群众筹资困难等原因，在山瑶地区提高项目投资补助比例。继续加大对山瑶群众适度规模养殖户的扶持力度，增加建设户数和建设规模，增加项目受益户数，继续对各乡镇山瑶养殖场（户、小区）进行扶持建设，发挥区位、交通、资源等优势，继续扶持和扩场（户、小区）基础设施建设，进一步扩大养殖规模。通过二次培育，对有条件、有资金、有能力的山瑶群众养殖户进行扶持建设，扩大项目覆盖面。同时，还必须积极开展技术推广，进一步加强畜牧兽医科技人员的技术培训，继续加大力度以项目户为重点的科技入户培训，提高群众科学养殖水平和养殖经济效益。

二　农业产业化的问题

在贫困地区发展结合当地实际的农业产业化是发展经济的不二之举，经过了5年的产业化发展，已经形成了一定的规模，产业化的发展也给山瑶群众带来了比较稳定的经济收入，部分山瑶群众的生产生活条件得到不同程度改善。但是，由于受资金投入、恶劣自然环境及自身综合素质低的限制，基础设施配套建设尚不完善，产业发展后劲不足，扶贫工作任务仍然十分艰巨。

山瑶群众居住的石山区产业发展难度大。由于山瑶群众主要居住在喀斯特地貌的石山区，岩石裸露，土层单薄，土地贫瘠，土地涵养水分能力差，水土流失造成的石漠化十分严重，恶劣的自然环境导致山瑶群众的产业发展十分滞后。特别是归朝镇的龙门、龙绍、旧寨村委、洞波乡的三湘洞村委会石漠化特别严重，根本满足不了油茶和甘蔗所需的营养、水分，无法发展木本油料和蔗糖产业，山瑶地区的产业发展仍然十分薄弱和单一。同时，石漠化十分严重的地区，恶劣的自然环境导致油茶和甘蔗生长周期长、长势缓慢、产量低，山瑶群众后续依靠产业增收渠道单一、收入低，产业扶持发展任务依然艰巨。针对石漠化地区的产业发展方面，当前还未探索出较好的符合实际的扶持方式。

如何实现山瑶地区的农业产业化发展，还必须依托富宁县山多地广、农林特产资源丰富的优势，发展以油茶、核桃、八角、速生丰产林、甘蔗等为主的绿色生态产业，实现在富宁县规划的120万亩油茶、60万亩核桃、100万亩八角、100万亩速生丰产林、60万亩甘蔗种植和精深加工以及年产8万吨罗非鱼基地的建设，带动山瑶的农业产业化。

三　基础设施建设中的问题

改善山瑶群众生活地区的基础设施建设，事关能否为山瑶群众的生产生活创造和提供便利条件，同时基础设施的完善程度也在影响着整个扶贫工作的推进速度。自2009年山瑶群众扶持发展工程实施以来，富宁县累计新建进村公路 15 条 88 千米，改造乡村公路 7 条 51.2 千米；完成村内道路硬化 13.53 余万平方米，山瑶群众"行路难"问题基本得到解决；新安装饮水管道 149 千米，小水池（窖）842 口，沟渠 32.7 千米，改变了山瑶群众过去依靠挖水塘积蓄雨水饮用的现象。富宁县通过完成农村电网升级改造 705 户，解决了山瑶群众用电难的问题，实现了同网同价，告别了过去有电不敢用的状况。在近 5 年的时间中，富宁县完成对 1884 户共 8473 人的扶持。但是，受地理位置限制，进村公路建设仍然十分滞后，影响经济发展。当前，全县 93 个山瑶村寨已经实现村村通公路，但是 70% 的村寨处于晴通雨阻状况，主要是原规划外迁安置的部分山瑶群众转为就地就近安置，公路建设由原来规划外迁在土山区修建变为就地就近在石山区上修建，导致施工难度大，按照现在的 4 级乡村公路建设，每千米需要投入达 100 万元，因为缺口资金大，每千米只补助 15 万—20 万元，补助的标准低，实施的公路标准低，路面狭窄，一到雨季，导致部分进村公路塌方，路面被雨水冲毁严重，车辆无法通行，严重影响项目建设的进度。如坡峨、红药、龙歪安置点，岩标、郎外安置点原计划 2014 年 3 月竣工，但是由于公路没有修通，到 2014 年 7 月仍然无法启动安居房建设。

再如饮水工程等方面也存在着诸多困难，饮水工程中存在着群众经济基础条件差，投劳、筹资困难，工程建设资金缺口大；交通闭塞，物资运输困难；群众自身技术力量缺乏，工程建设施工费用增加；干旱少雨无水源，小水窖没有发挥效益等困难。

如按照国家人饮补助标准每户建一口 30 立方米小水窖，除掉群众自筹，每口小水窖补助资金为 2000 元左右。但山瑶群众居住的地区新建一口水池、水窖平均实际补助资金近 6000 元，每口水窖缺口资金近 4000 元。部分山瑶群众居住在石山区的山岭上，交通极为不便，致使工程建设所需的水泥、钢材等大量物资进入工地十分困难，物资运输费用增加。

同时，当遇到干旱少雨，建成后的部分小水窖没有雨水可蓄，加之少数群众传统陋习观念仍然未改，没有搬迁到安置点生活，在雨水期也没有对水窖进行蓄水，水窖没有能发挥其蓄水效益。

四 资金困难

虽然通过近几年的扶持，部分山瑶群众的生产生活条件得到不同程度改善，但是由于受资金投入有限的影响，导致在扶贫中一系列问题的产生。按规划，全县山瑶群众扶持发展共需要资金4.7亿元，其中县级自筹资金高达1.46亿元，由于富宁是典型的国家重点扶持贫困县，全县贫困面大，扶贫工作任务十分艰巨。富宁县处于滇黔桂石漠化核心区域，各族群众生存环境较为恶劣，基础设施建设滞后，按照国家新确定的2300元的脱贫标准，目前还有贫困人口27.4万，占总人口的67.5%，贫困面大，扶贫工作任务十分艰巨。富宁县县贫民穷，财政自给率仅为15%，筹集配套资金非常困难，县级财政困难，地方配套资金筹集难度大。在扶贫项目中，离开了持续的资金投入，也就意味着扶贫工作的终止，在对山瑶群众的扶贫中，由于地理条件的限制，导致材料成本高昂。

山瑶村寨均在边远闭塞的石山区，居住环境极端恶劣，分散居住，交通不便，扶持项目建设条件差，各项建设所需要的水泥、砖、钢材等材料运输难，即便是修通简易公路，因为群众居住分散，运到农户家中的建设材料费用往往要比材料本身价格高，有的甚至要高出好几倍，随着建筑材料及人力费用的不断攀升，不断加大了项目建设成本，造成项目建设资金缺口增大。

再如，由于土地承包到户和农村林权制度改革的推进，富宁县的土地、林地已经分配承包到户，外迁安置需要征用大量的耕地、林地，全县计划实施外迁安置山瑶群众439户2072人，按人均1亩耕地、2亩林地计算，共需要耕地林地6216亩，耕地按18000元/亩、林地按7500元/亩土地流转补偿金计算，共需要县级财政筹集土地流转补偿资金达6837.6万元，由于县级财政困难，无法承担相应费用。

五 就业压力大

实现进城后能够就业是山瑶群众"落地生根"的重要保证，富宁县经过就业培训、就业岗位开发，部分经过技能培训的山瑶群众顺利地实现了就业。但是从整体上看，由于山瑶群众整体素质偏低，进城或外出务工就业难以胜任用工单位的岗位要求，大部分只能打零工或从事体力劳务，就业压力大。同时，由于县内规模以上工业、物流等企业发展较慢，山瑶群众可选择性就业的岗位少，加上有限的岗位要求高，山瑶群众总体素质无法满足用工需求，群众自主创业能力弱，收入来源不稳定。就地安置群众思想落后，学习和应用科技能力低，靠发展传统种养殖业收入少且不稳定，还需要进一步提高群众自我发展的能力和素质。

如何实现山瑶群众落地生根，需要富宁县利用好面对国际、国内产业转移的机会，不断创造和提供就业岗位和机会。富宁县作为云南省面向泛珠三角区域开放的前沿，正面临着承接东中部地区产业转移的重大机遇。积极主动融入两广地区实施的泛北部湾区域、泛珠三角区域合作和西江经济带建设以及中国—东盟自由贸易区建设中，凸显地处滇桂越交界处的富宁县在区域开放中的交通枢纽地位。

第二节　传统意识在一定程度上的持续
阻滞了山瑶的现代化

扶贫工作中最难的莫过于如何彻底地改造传统的习俗，与其他的诸如资金、技术问题带来的困难比较，传统的落后习俗的存在所带来的问题和阻力最大。经过5年的扶贫，富宁县对山瑶地区不断地发展教育、营造文化传播氛围，部分山瑶群众的思想观念开始发生了变化，但是老一辈山瑶群众中的传统思想仍然根深蒂固，这种思想观念的存在阻碍了扶贫的发展。

一　传统思想观念存续

山瑶群众扶贫发展项目启动后，富宁县加强教育素质的提升，切实提高山瑶群众持续发展的能力。坚持把"办教育"作为山瑶群众最终彻底摆脱贫困的根本途径来抓，在改善山瑶群众子女读书就学条件上下功夫，先后实施新华中心学校、洞波中心学校、县高等职业技术学校的校舍扩建工程及新建归朝民族中心学校建设，不断改善山瑶地区教育设施建设。随着教育的推进和发展，山瑶群众的思想观念也发生了积极的变化。但是，由于山瑶群众在长期的贫困生活中，在特定的环境中产生并且形成了自身独特的文化意识，进而影响了思维定式，这在很大程度上影响和阻碍了扶贫工作的发展，学术界把这种文化称作贫困文化。贫困文化主要表现为消极无为、听天由命的人生观；安于贫困、得过且过的生活观；懒散怠惰、好逸恶劳的劳动观；不求更好、只求温饱的消费观；老守田园、安土重迁的乡土观等。以上特征集中到一点，就是价值品位低下，甘于贫困。这种思想观念禁锢了山瑶群众的手脚，消磨了战胜贫困的意志，使山瑶群众丧失人生价值的合理追求。贫困文化作为一种社会存在，贫民的心理和精神被牢固地锁在其中，构成社会经济发展和自身解放的严重障碍。[①] 贫困文化一旦形成，就会长期地发生作用，所以把山瑶群众的传统思想观念放在贫困文化中分析，就会发现在这种贫困文化的影响之下，虽然对山瑶群众开展了一系列的技能、文化培训，以及出台了一系列激励措施，但是由于山瑶群众的行为、习惯、风俗和心理定式、生活态度、价值观念都定格为一种"贫困观念价值观"、宿命观和轻视知识的文化观念，贫困文化所带来的惯性巨大，在部分山瑶群众中"等、靠、要、慵、懒"等思想根深蒂固，有部分山瑶群众认为山瑶扶持是国家领导人批示建设，是政府的事情，加之大部分山瑶群众得过且过、老守家园、安土重迁的乡土观，只看到贫穷落后和条件不利的一面，没看到自身的优势和发展前景，认为自然条件太差，不可能有改变的希望，只好"认命"，自我发展意识不强。

本书作者与山瑶群众交谈

[①] 吴理财：《论贫困文化》，《社会》2001年第8期。

二　传统习俗带来的阻力

山瑶群众在长期的历史中所形成的某些传统的、落后的思想观念给扶贫工作带来了阻力，在一定程度上阻碍了扶贫工作，以及阻碍了山瑶群众的脱贫致富。在实际的调查中，发现山瑶群众传统的习俗、"等、靠、要"的思想等，阻滞了扶贫工作。

搬家移民是对山瑶扶贫中最主要的方式，此次扶贫开发工作的出发点是山瑶群众的生活和生存环境已经基本丧失，通过改变生活环境，在新的环境中实现新的发展。前文述及对于中国人而言，搬家是一种不得已的选择，在一般情况下是不可能发生的事情，在对山瑶群众的扶贫中，通过移民，改善了生活环境，摆脱了自然环境的恶劣给山瑶群众发展带来的限制，大部分山瑶群众通过移民实现了发展，并且走上了独立发展的道路。但是，部分山瑶群众对这种方式仍然存在着抵触的心理，有的甚至在移民之后又重新回到原来的居住地，或者对所选择的安置点不满意等。

在对山瑶群众的整个扶贫过程中，传统思想观念并没有完全的消失，甚至这种思想的存在影响了扶贫工作的进行。在调查中发现，在归朝镇的一个安置点上出现了山瑶群众对安置点不满意的现象，甚至把出现的所有问题都归结于安置点。在这个安置点中，由于连续出现山瑶群众死去的现象，给山瑶群众的心理上带来了巨大的压力，山瑶群众在寻找其中的原因时，把原因归结到安置点的风水，认为这个安置点是阴地（死去的人所在地），并不适合活人居住，所以部分山瑶群众有了搬回去的想法，甚至有的已经搬回去，给扶贫工作造成了阻碍。实际上，通过当地的调查，死去的几个群众是由于长期沉迷于大量饮酒，导致酒精中毒死亡，并不是安置点的原因造成。导致这种现象的发生固然与安置点的风水无关，但是问题在于在选择安置点的时候有没有征求群众的意见？群众有没有参与其中？搬迁移民已经是既成的事实，已经不可能改变，而当前要做的事是要进行安抚的同时，进行科学的宣传，查明真相和导致现象发生的真实原因，拿出让群众信服的证据。

三　以改变传统习俗为重点，实现山瑶群众的现代化

从整个国家的层面上看，在现阶段的扶贫已经具备了充裕资金投入

的可能性，随着扶贫攻坚的不断推进，物质上山瑶群众已经受益。但是，作为贫穷根源之一的文化教育及其所表现出来的精神意识，并未因为外力的驱动而发生根本的改变。在实际调查中发现，有的山瑶群众认为，扶贫是政府的事情，自身的贫困应该由政府来负责任，对山瑶群众扶贫的投入、发放低保、建设新农村、发展产业等都是政府必须做的事情，那么是什么原因造成这种事不关己的思想呢？

第一，长期的贫困造成的一种依靠思想的出现。山瑶群众长期处于贫困状态之中，在扶贫工作开始之前，山瑶群众一直在贫困的生活状态下生存。由于客观和主观条件的制约和限制，造成了山瑶地区和周边农村发展的巨大差距，而如今要改变自己的落后，认为理所当然是政府的职责所在。

第二，政府的社会保障能够满足于山瑶群众的基本生存需要。由于起点低，在长期的贫困之中，山瑶群众没有过多的生活追求，每人每月70元的低保费足以为山瑶群众最低的生活提供保障。没有树立起更高的追求，习惯于长期的贫困生活状态。在调查中发现，部分山瑶群众仍然有"等"、"靠"、"要"的思想存在，如宁愿每个月领取70元的低保，也不去劳动，并且把每个月领取的低保称作发工资，领取的低保主要用于喝酒。

第三，政府对山瑶群众的物质投入导致依赖思想的加固。在扶贫中，物质的投入是必要的，基本的物质上的投入能够保障基本的需要。但是，如若一味强调物质的投入，忽视了其他方面的工作，如精神上的关心、文化上的需要等，结果却是造成"等"、"靠"、"要"思想的严重，容易在山瑶群众的思想中形成一种扶贫是政府的事情，而与自己无关的心理，而这种思维的存在是导致农村贫困的根本主观原因之一，山瑶群众没有树立自我发展的意识。

针对山瑶群众存在着的有碍于扶贫发展和自身发展的传统落后的习俗，富宁县必须在扶贫工作的过程中以及在今后的工作中进行不断地改进，实现真正思想上的脱贫。思想脱贫是扶贫的目的，只有在思想上完全摆脱知识的贫困，才有可能建立起长期的发展机制。山瑶群众世代居住在山上，而且有着自己独特的文化、民族风俗及其特有的生活习俗，其特定的习俗在现实的生活中产生了重要的影响。

第一，树立典型，发挥模范带头作用。经过扶贫，部分山瑶群众已经走上了独立自主的发展道路，有的经过外出务工的锻炼走上了自己创业的道路，有的在农业产业、养殖业中形成了一定的规模等。在今后的发展中，应当在山瑶群众中通过这部分典型模范的宣传，以此对其他山瑶群众在心理上产生积极的影响，树立起一种敢于发展的信心。如那贡安置点充分利用强农惠农政策，培养一批致富带头人。充分利用强农、惠农政策，鼓励有一定经济基础的山瑶群众从事农副产品加工、经商、运输等行业，给有驾照的农户办理购置贷款，培养一批致富带头人，最终拉动了小区经济发展。目前小区内共有南骏、福田汽车5辆。车主黄永良深有体会地说："单单给永鑫糖厂拉运甘蔗一项一个榨季可实现经济收入4万余元，再加上拉运其他建材物资等等一年可实现创收8万元。这个数字对于以前的我来说想都不敢想。现在搬出来了，什么生产难、饮水难、行路难、就医难、住房难都得到了解决，感谢党中央，感谢各级领导对我们山瑶同胞的亲切关怀。"

第二，科学地用好低保。对农村贫困群众实施的低保政策，有一定的必要性，但是不能一味地依赖于低保。低保在给困难群众带来方便之时，也存在着不足，其最大的弊端在于容易养成依赖心理。有学者指出，提供食品、衣物或现金等救助方式是帮助贫困人口最直接的方法。毫无疑问，在遭遇到重大的自然灾难或人为原因造成贫困时，及时的直接救援工作是必须而且有效的，但是对于一般性的扶贫工作以及灾后的重建，短期的乃至长期的物质救援并不能从根本上解决贫穷问题。直接救助模式有可能让穷人养成福利依赖思想，导致形成逆来顺受的心理，缺乏独立思想，进而生产能力较差、发展动机不足，因此有可能造成扶贫"越扶越穷"的状况。[1] 所以，在对山瑶群众的扶贫发展中，在取得成就基础上，应该对所有山瑶的经济状况进行整体调研，对于已经完全发展起来的群众，不再享受低保，而把这部分资金用于扶贫发展的其他项目上，以解决资金不足的问题，如对于有发展产业、创业的山瑶群众，其实可以把低保转换成发展资金或者是技术上的帮助，而不是直接通过现金的方式。

---

① 孙文中：《创新中国农村扶贫模式的路径选择——基于新发展主义的视角》，《广东社会科学》2013年第6期。

第三节　落地生根的实现

移民的目的是要通过新的环境的选取，实现落地生根，并且在这个基础上发展起来，出发点是以往的生存环境已经不具备，希望通过选择新的环境来改变贫穷，单纯从扶贫的出发点来看，具有相当的优越性，但是在具体的实践过程中仍然会出现一些问题，如思乡之情、环境适应、社会融入、满意程度等。在对山瑶群众的扶贫中总共涉及 1828 户8429 人，实施县内易地搬迁 1069 户 4814 人，其中外迁安置 439 户2072 人，就近就地搬迁安置 630 户 2742 人。小城镇廉租住房建设安置240 户 1200 人和就近就地扶持发展 21 个村 519 户 2415 人。通过搬迁移民，从而引起移民的生产方式、生活方式、人际关系等发生急剧的变化。移民实现了落地，落地之后随之而来的是生根的问题，这是每个移民群众首要关心的问题，也是扶贫工作中要解决的首要问题。所以，如何实现进城和异地搬迁山瑶群众真正实现落地生根，就已经成为目前迫在眉睫和今后持续要关注的问题，只有解决好落地生根的问题，才能够从根本上巩固扶贫的成果，实现山瑶的持续发展，否则扶贫工作的成果将前功尽弃。

如何实现真正意义上的落地与生根，富宁县需要在前期扶贫的基础上，鼓励更多的山瑶群众参与到扶贫发展中，提高对整个扶贫的认同度，不断巩固、发展和提高移民群众的自我发展能力，在今后对贫困农户的关心中既要重视整个移民整体，同时又要关注个别的现象；不断丰富山瑶群众的精神文化，在向移民群众传播新文化的同时，注重培育和发扬自身的传统文化，力求在实现了物质需要的同时，实现精神文化的发展需要，创造和提供一个温馨的生活环境。

一　提倡参与性提高认同感

"参与式"扶贫是指政府通过投入一定数量的资金，以贫困村为平台，为贫困农户创造表达意愿的机会，赋予贫困农户知情权和监督权，并激发他们的参与意愿，发动群众参与扶贫项目的决策、实施和监督过程，从而提高贫困农户自主脱贫、自我发展能力，从根本上解决贫困问题。[①] 农民是农村的主体，这决定了农村的事务必须由农民决定、农民参与，没有农民参与的农村建设，往往只是政府的一厢情愿，非但不能取得效果，反而会适得其反，带来诸多的问题。所以，在对山瑶的扶贫中，富宁县坚持国家扶持与贫困群众的自力更生相结合，即积极争取国家投入资金扶持，又广泛动员群众积极投工投劳建设自己的家园，在实现跨越式发展的同时，充分征求山瑶群众的意见。

山瑶群众饮用的白酒

（一）参与性的现状

农民是农村的主体，决定了农民要参与到农村发展的决策之中，在扶贫项目进行的过程中，贫困群众必须自始至终都参与其中，这才能更好地实现扶贫的目的。富宁县在对山瑶群众的扶贫中虽然倡导并鼓励村民参与其中，但是从扶贫的长远效果上看，其参与性还是不够，这就导致在扶贫过程中出现了部分问题，虽然这些问题在目前看来还较少，但是如果这些问题得不到及时解决，所带来的后果将致使部分群众返贫。

在实际调查中，当地政府也提倡参与性的扶贫发展，并且采取了一系列的措施，力求把山瑶的力量整合到整个扶贫工作中，调动了部分山瑶群众的积极性。在扶贫工作启动之前，富宁县充分利用广播、电视、网站、板报等媒介，并且采取图文并茂、影视相兼的宣传形式，同时派

[①] 李兴江、陈怀叶：《参与式扶贫模式的运行机制及绩效评价》，《开发研究》2008 年第 2 期。

出工作组深入村寨广泛宣传外迁安置办法，让群众了解和掌握安置办法的内容，并且组织群众结合自身情况报名外迁安置。

富宁县以提高群众积极性为着力点，出台激励政策。为充分调动山瑶群众加快发展的积极性和主动性，富宁县政府在2008年11月启动山瑶扶持发展大会战时，就及时制定出台了扶持山瑶群众发展的10项政策措施，鼓励山瑶群众充分发扬自力更生的精神，为建设自己美好的家园而不懈努力。这些政策包括凡是按照政府规划集中新建安居房的农户，由政府统一平整地基，建房户每户补助1.8万元的物资；建设厩舍和沼气池、小水窖的，每户每项补助1.5吨水泥；自愿实施坡改梯项目的，免费提供爆破物资；种植杂交玉米的，每户补助6千克籽种和2包化肥；种植核桃、油茶、花椒的，免费提供苗木；发展养殖业的，免费提供仔猪2头等。政策出台后，山瑶群众参与扶贫开发的热情得到了充分调动，群众自我发展、要求发展的意识空前强烈，有力地推动了整项工作的开展。

其实，从对山瑶群众的扶贫开发工作的设计、组织和实施中，基本上都是以政府为主导，政府提出了"搬家、种树、办教育"的扶贫思路，在以三通为扶贫的立足点，以发展产业和社会保障为扶贫的措施加以保证，投入了大量的资金，从这个层面上看，政府做出了努力，而且政府的大量投入也是必需的，但是问题在于政府在投入之时，还需要重视农民在农村的主体地位，没有实现投入与村民之间的有机结合，投入要围绕着农民的这个主体地位进行，如果忽视了农民的参与和农民的主体地位，不论投入多少皆是不够的。

（二）参与性不足导致对扶贫认同程度低

参与性不足导致最大的问题就是，贫困群众对扶贫工作的认同程度低，部分山瑶群众置身于扶贫工作之外，认为扶贫是政府一厢情愿的事情。

在对山瑶的扶贫中，由于参与性不足导致部分山瑶群众在建设的过程之中处于观望的状态，对扶贫工作的认同程度低。富宁县按照"搬家、种树、办教育"的扶持发展思路，积极探索"县城集镇安置、县内易地安置、就近就地安置"3种扶持模式，全力推进山瑶扶持发展工作，2010年先后启动实施了新华镇安好、归朝镇那贡、剥隘镇那岗安置点，在实施安新、那贡两个山瑶城镇安置点时，全县报名搬迁至安新、那贡、那岗 3 个安置点的山瑶群众只有 535 户 2400 余人，因各种原因有部分群众报名后又不愿意外迁，自愿放弃。加之山瑶群众长期深居大山，文化素质普遍不高，经济基础十分薄弱，自我发展能力不强，出于生存发展问题的顾虑，大部分山瑶群众都不愿意实施外迁安置，并且多次反映要求就地扶持。因此，在根据群众的意愿及各相关乡镇、部门的意见或建议的基础上，经报请文山州委、州政府同意，将原规划外迁的部分村寨转为就近就地安置。

除此之外，在扶贫过程中，有部分山瑶群众没有参与建设中，处于观望之状，即使自己没有其他事情，也不插手扶贫行动。究其原因，固然可以把原因归为山瑶群众思想观念的落后，但是背后的原因是群众在扶贫工作中的参与程度不够，没有找到一种行之有效的途径，让每一个贫困的山瑶群众都参与其中。

（三）提高参与性

坚持国家扶持与贫困群众的自力更生相结合，即积极争取国家投入资金扶持，又广泛动员群众积极投工投劳建设自己的家园，在实现跨越式发展的同时，充分征求群众的意见。

在扶贫开发和贫困人口的脱贫与发展过程中，赋予扶贫对象参与扶贫行动的权利，使扶贫对象成为扶贫行动的主体而不是被动的接受者，采取参与式的方法使贫困者获得发展能力并且成为发展的主体，已经成为扶贫理论与实践的普遍共识。[1] 坚持国家扶持与贫困群众的自力更生相结合，即积极争取国家投入资金扶持，又广泛动员群众积极投工投劳建设自己的家园，在实现跨越式发展的同时，充分征求群众的意见。

在扶贫方式上，随着扶贫工作的实践和针对扶贫中以政府为主导存在的问题，提出了参与式的扶贫发展模式。所谓的参与性扶贫，即重视贫困农民在扶贫过程中的地位和作用，让贫困农民参与到扶贫的决策过程中，其出发点是农民是农村的主体，"三农"问题的真正彻底解决只能依靠农民，参与性的实施最大意义在于在思想意识上进一步树立起农民的主体理念，树立起农民才是农村的主体意识，实现自我发展、自我

---

[1]　姚迈新：《对扶贫目标偏离与转换的分析与思考——政府主导型扶贫模式中的制度及行动调整》，《云南行政学院学报》2010 年第 3 期。

管理。所以，实施参与式扶贫，就是以农民为根本，以农民的广泛参与为途径，以农民的能力建设为核心，提升农民的自我发展、自我管理和自我服务，从而充分发挥贫困农户在扶贫开发活动中的主体作用。①

在对山瑶群众的扶贫中，确立了山瑶群众的参与机制，以此调动积极性和树立主人翁的意识，其突出的中心思想和出发点是农民是农村的主体，如何摆脱贫困，如何发展，需要由农民来做主，参与共建、共管有助于提高农民的地位。把扶贫开发要坚持政府主导与群众参与相结合，突出群众在扶贫开发中的主体地位，积极推行"参与式扶贫开发"的方式，充分尊重群众在扶贫规划的制定、项目的立项、实施和管理、扶贫资金的使用等方面的参与权、发言权，体现公开、公正、公平原则。

群众是项目扶持的实施主体，国家给予一定的扶持，社会给予一定的帮助是必要的，但是外部的支持只有和贫困群众自强不息、苦干实干的精神结合起来，才能真正发挥作用。要把贫困群众的自力更生和国家的扶持结合起来，克服"等"、"靠"、"要"的思想，改变消极畏难和无所作为的精神状态，树立"扶贫围绕群众、扶贫依靠群众、扶贫造福群众"的宗旨，对山瑶群众进行自力更生、艰苦奋斗的教育，寻找合适的途径和方式，组织引导山瑶群众自主筹资、投工投劳，积极主动参与到扶持发展工作中来，使扶贫更加真实地反映绝大多数群众的意愿和要求，形成脱贫的动力机制，从"要我脱贫"转变为"我要脱贫"，把决策权、参与权、表达权、监督权交给山瑶群众，发动山瑶群众多方筹资建设自己的家园。

有学者指出，参与性具有重要的意义，无论是对城乡低保建设还是对农村开发式扶贫，参与式开发的理念都具有重要意义。参与至少具有4个方面的重要作用：利益表达、积极性调动、人力资本提升和社会融合。在长期的生活实践中，贫困者群体也有关于自身利益的诉求，只有当这个群体能够参与到项目的决策和选择中，他们才能获得利益表达的机会，并且参与的过程还可以从价值观、操作技能两方面来提高贫困群

---

① 徐志明：《中国贫困农户产生的原因与产业化扶贫机制的建立》，《农业现代化研究》2008 年第 6 期。

体的人力资本，使其实现持续的脱贫。① 山瑶村寨扶贫开发工作的决策者是人民群众，建设者是人民群众，受益者也是人民群众，要充分发挥人民群众在山瑶村寨扶贫开发项目中的主力军作用。所有建设项目要尊重群众意愿，从群众最现实、最需要、最迫切的事情抓起，切实体现群众的事情由群众协商决定和参与建设。进一步组织发动山瑶村寨群众发扬自力更生、艰苦创业的精神，自主筹资、投工投劳，积极参与山瑶村寨扶贫开发项目建设，靠自己的辛勤劳动改变贫穷落后的面貌，实现扶贫开发成果由山瑶村寨群众共建共享。

二　对整体追踪调查，重视个案

对山瑶群众的扶贫发展工作从 2010 年开始到 2015 年结束，对扶贫工作开始之际提出的各项目标从目前的进度来看可能实现。但是，并不是说对处于长期贫困的山瑶经过了 5 年的扶贫就能从根本上解决问题，这种想法并不现实，可以肯定地说问题还很多。如果说用 5 年的时间就能彻底解决问题的话，那么山瑶群众早就脱贫了。摆在当地政府面前的现实工作应该是把扶贫工作进行到底的同时，把眼光放在今后可能会出现的问题上，对这 5 年工作中取得的经验教训进行总结，对可能会出现的问题加以预判，并提出相应的应对措施。

对山瑶群众还需要进行调查了解，全面掌握山瑶群众的情况。这些调查的内容应该包括山瑶群众的经济发展程度、就业、产业发展、经济收入、融入程度、返贫现象等，从而对整个山瑶群众的情况有一个动态的了解和掌握。

在了解和掌握整体情况的同时，还必须重视个体。其实，在扶贫发展中不仅要重视整体，更要重视个体。从对进城和异地搬迁中的调查情况来看，虽然大部分山瑶群众能够安定下来生活，并且实现了自我发展，但是仍然存在着部分山瑶群众想搬回原来生活的石山之上，对新的生活环境没有产生认同感。对于这种现象的发生，必须找出其背后的原因，并且采取相对的措施，严格按照《云南富宁瑶族支系山瑶群众聚居区扶贫开发综合治理试点总体规划》，到 2015 年山瑶群众扶持发展工作

---

① 郑杭生：《当代中国反贫困理论与实践的创新》，《教学与研究》2009 年第 6 期。

还有部分群众住在山上

结束后，山瑶群众集聚区的扶贫工作应该继续实行常规扶持，并且结合富宁县精准扶贫调查，针对返贫的山瑶农户实行"一对一"帮扶，帮助群众早日脱贫，早日享受改革开放成果。

现阶段的扶贫中，倡导精准扶贫。所谓的精准扶贫，既要改变以往的规模式的扶贫，因为规模式的开发扶贫往往促进了整体的发展而忽视了个别的发展。而精准扶贫有助于让扶贫的对象充分地享受到发展的机会，注意到个别现象中的特殊情况，针对个别现象中存在的具体问题找出相应的发展措施。其实，与以往的传统规模式的开发扶贫相对而言，精准扶贫更加要重视人，针对具体的贫困群体制定出相应的扶贫发展措施。

从贫困这个角度看，可以把贫困群体作为一个整体，但是在这个贫困的群体中，又可以根据不同的实际进行划分为若干个不同的小群体，如可以根据年龄阶段、家庭人口构成、接受教育程度、经济收入等。从整个山瑶群众的情况来看，也可以根据不同的标准划分不同的贫困状况，如经济收入，有的山瑶群众经过扶贫，在现阶段经济收入已经和周边的其他人群无异，经过自己的努力在产业上有了一定的发展，但是也有一部分仍然没有摆脱贫困；有的山瑶群众劳动力比较丰富，通过外出务工等方式，家庭经济收入比较可观，但是仍有一部分靠在石山上种植玉米度日；有的已经顺利地通过异地搬迁，并实现扎根，但是还有一小部分不适应，还要搬回到原来的居住地；特别是在山瑶群众中存在的部分弱势群体，对于这部分弱势群体而言，即使有政府的资助、社会的帮助，但是仍然不能够发展。

在调查中，当地的工作人员提供了一个情况，在一个叫作中弄的村子里还住着母女二人。中弄现在还是一个不通公路的藏在石山凹里的小村子，全村有 14 户，自主外迁了 11 户，还留下 3 户，有 2 户是低保户，经过当地工作人员的动员之后，到 2014 年只剩下最后 1 户，男主人外出务工，留下 30 岁出头的女主人带着 4 岁的女儿留守，而且女主人还患有严重的精神障碍，在扶贫上面临着巨大的困难。对于这部分弱势群体，在扶贫中只有通过精准的方式才能够实现发展，这就需要针对这部分群体制定相应的措施。

对于个别现象的持续关注，是今后在对山瑶群众巩固扶贫基础上更加要重视的主要问题，只有让所有的山瑶群众都发展起来，才是扶贫的最终目的。

三　不断巩固壮大自我发展能力

对山瑶群众的扶贫开发工作已经接近尾声，目前的主要工作是在新的起点上，不断巩固自我发展能力。通过扶贫，虽然山瑶群众的收入渠道更加丰富，但是经过调查发现，主要是靠种植甘蔗和劳务输出的方式。那么，如何在现有的基础上不断巩固和壮大自我发展的能力，是摆在当地政府部门面前需要解决的首要问题，只有在自我发展能力不断得到巩固的基础上，山瑶群众的社会适应能力以及融入程度、对扶贫的认可程度、自我发展信心等才能够树立，最终实现"落地生根"，并且"扎根"。这就需要山瑶群众有事做、有做事的能力、有收入、有思想。

贫困产生的根本原因是能力的缺失或者不足，表现在经济收入低、生活质量低、人文落后、社会发育慢、抵御风险能力差等。所以，反贫的首要任务是对贫困人口赋予或者提高能力。阿玛蒂亚·森从"能力"、"功能"、"权利"等角度讨论了贫困问题，他认为，不能把贫困仅仅看成是收入缺乏或消费水平低下，贫困的实质是人们缺乏改变其生存状况、抵御各种生产或生活风险、抓住经济机会和获取经济收益的"能力"，或者其能力"被剥夺"了；而另一方面，现代社会的贫困往往是与收入分配不平等相伴随的，即贫困人口无法平等地获取或接触许多产品和服务（尤其是公共品），不具备把这些产品转化成效用的"功能"或"权利"。① 居于阿玛蒂亚·森的能力贫困论，在经历了 5 年时间的对山瑶的扶贫的基础上，今后持续的工作主要是赋予发展的机会，不断地巩固和提高山瑶的自我发展能力。

在山瑶群众素质教育自身方面，巩固义务教育，抓好职业教育和技能培训，不断提高知识水平和技能的掌握程度，发展与富宁县产业相结合的加工业，为山瑶群众的就业提供机会。同时，鼓励山瑶群众创业，为创业提供资金和技术上的帮助，提高抵御经济风险的能力。在客观上，充分利用富宁县自身的交通、区位、资源优势，为山瑶群众自我发展能力的巩固创造良好的外部环境。实现资源共享、信息畅通，建设好富宁县在"十二五规划"中提出的"一核、两翼、三带、六区、六大基地"② 的产业化空间发展格局，建设好产业布局有助于带动山瑶群众的发展，在实现了富宁县整个产业发展的同时，能够实现山瑶群众的收益。

---

① 转引自邹薇、方迎风《关于中国贫困的动态多维度研究》，《中国人口科学》2011 年第 6 期。

② 富宁县委、县政府根据富宁县的产业发展、区位优势、气候条件等实际情况，提出的未来 5 年的空间发展布局，即以县城建设为核心，以剥隘和田蓬为两翼，形成以剥隘至富宁高速公路、铁路为主线的中轴发展带，以广南至阿用至剥隘公路为干线的北部发展带，以边境公路为干线，以田蓬口岸为中心，布局发展沿边三条经济带。重点发展云南富宁港综合保税区、归朝生物资源加工区、板仑冶金建材产业区、普阳煤化工业区、富宁边境贸易加工区。建成云南省重要的木本油料基地、云南省重要的蔗糖生产基地、云南省最大的八角原料生产基地、文山州最大的水产养殖基地、文山州重要的畜禽养殖基地和云南省低海拔体育训练基地六大基地。

主要参考文献

1. 中共富宁县委、县人民政府：《富宁县山瑶群众自行建设住房补助办法》（试行）2010 年。

2. 中共富宁县委、县人民政府：《富宁县瑶族支系山瑶扶持发展十大措施》2010 年。

3. 中共富宁县委、县人民政府：《富宁县瑶族支系山瑶扶持发展政策措施》2010 年。

4. 中共富宁县委、县人民政府：《富宁县 2011—2014 年关于山瑶扶贫发展的工作会内容》2014 年。

5. 中共富宁县委、县人民政府：《2011 年富宁县瑶族支系山瑶扶持发展工作总结》2011 年。

6. 中共富宁县委、县人民政府：《富宁县 2012 年山瑶扶持发展工作总结》2012 年。

7. 中共富宁县委、县人民政府：《富宁县 2013 年山瑶扶持发展工作总结》2013 年。

8. 中共富宁县委、县人民政府：《富宁县 2014 年山瑶扶持发展工作半年总结》2014 年。

9. 中共富宁县委、县人民政府：《富宁县"十二五"农村扶贫开发规划》（2011—2015 年）2011 年。

10. 中共富宁县委、县人民政府：《富宁县"三农"发展大规划》2011 年。

11. 《富宁县国民经济和社会发展第十二个五年规划纲要》（2011—2015 年）。

12. 国务院：《中国农村扶贫开发纲要（2001—2010 年）国发〔2001〕23 号》，《2011—2020 年扶贫开发纲要起草工作启动会参考材料》2009 年第 17 期。

13. 费孝通：《乡土中国》，上海人民出版社 2013 年版。

14. 徐滇庆、李昕：《经济命脉系三农：深化农业结构改革》，机械工业出版社 2010 年版。

15. 尚重生：《当代中国社会问题透视》，武汉大学出版社 2010 年版。

16. 《中共中央国务院关于"三农"工作的一号文件汇编》（1982—2014 年），人民出版社 2014 年版。

17. 陆学艺：《"三农"续论：当代中国农业、农村、农民问题研究》，重庆出版社 2013 年版。

18. 徐勇：《中国农民状况发展报告 2013》，北京大学出版社 2014 年版。

19. 秦红增：《乡土变迁与重塑：文化农民与民族地区和谐乡村建设研究》，商务印书馆 2012 年版。

20. 陈春生：《"三农"问题的实践与思考》，山西经济出版社 2011 年版。

21. 武力、郑有贵：《中国共产党"三农"思想政策史（1921—2013 年）》，中国时代经济出版社 2013 年版。

22. 黄祖辉：《中国"三农"问题解析：理论述评与研究展望》，浙江大学出版社 2012 年版。

23. 张磊：《中国扶贫开发政策演变（1949—2005 年）》，中国财政经济出版社 2007 年版。

24. 《中国农村扶贫开发纲要（2011—2020 年）》，人民出版社 2011 年版。

25. 郑志龙、丁辉侠、孙远太：《政府扶贫开发绩效评估研究》，中国社科出版社 2012 年版。

26. 共济：《全国连片特困地区区域发展与扶贫攻坚规划研究》，人民出版社 2013 年版。

27. 刘坚：《新阶段扶贫开发的成就与挑战：中国农村扶贫开发纲要 2001—2010 年中期评估报告》，中国财政经济出版社 2006 年版。

28. 黄承伟、何晓军、王国良：《自然灾害与贫困——国际经验及案例/防灾减灾/灾后重建与扶贫开发理论方法研究丛书》，华中师范大学出版社 2013 年版。

29. 西奥多·W.舒尔茨：《论人力资本投资》（中译本），北京经济学院出版社 1992 年版。

30. 国务院扶贫开发领导小组办公室：《中国农村扶贫开发纲要（2011—2020 年）》，《人民日报》2011 年 12 月 2 日第 8 期。

31. 云南省富宁县地方志编纂委员会：《富宁县志》，云南民族出版社 1997 年版。

32. 云南省富宁县民族志编纂委员会：《富宁县民族志》，云南民族出版社 1998 年版。

33. 富宁年鉴编纂委员会：《富宁年鉴》，云南民族出版社 2002—2010 年版。

后　记

　　虽然书稿在撰写之初，进行了实地调研并收集查阅了大量的资料，但在具体的研究撰写过程中，因本人水平不高，学识有限，分析研究的观点不够成熟，研究方法不够科学，概括阐述的能力明显不足，错漏瑕疵更在所难免。然而，本人之所以斗胆抛砖，意在表明，在对党和政府的帮助和社会各界的倾力相助、山瑶群众积极参与下，从绝对贫困、封闭的世界中逐步与外在世界的融入，逐步步入了自主发展的道路，这是党的民族政策优越性的体现，是构建各民族共同团结奋斗、共同繁荣发展，不让一个兄弟民族掉队的真实写照。

　　本书在写作过程中，承蒙红河学院党委书记陈永明先生，红河学院党委副书记、红河学院校长、教授甘雪春先生，红河学院副校长、教授安学斌先生，红河学院教授、科技处处长兼校长助理张灿邦先生的热忱关心。红河学院的龙庆华女士及其杨六金、龙倮贵、马洪波、王杰康诸位先生对本书的研究、撰写、体例给以大量的无私的指导和帮助，如果没有他们积极的鼓励和耐心的帮助，此拙著是无法与读者见面的。红河学院科技处在本书的调研、写作、出版过程中给予了大量的帮助。本书特别得到了富宁县崔同富、陆勇、杨秀祥、韦思亮，以及付联翔、唐庆文等各位朋友的鼎力支持，富宁县直各部门、各乡镇和驻富宁县各有关单位提供了大量的资料和素材，方使本书的内容丰富、完整，在此深表感谢。同时对在写作中参阅过资料的专家学者表示谢意。在此，特向他们表示最诚挚的谢意和最衷心的感谢。

　　此拙著虽然已经停笔，但因学识不深，水平有限，疏漏和错误在所难免，敬请读者，特别是"三农"专家和学者、同仁多多赐教和匡正。

作　者

2014 年 12 月于红河学院有鸣潭